임동석중국사상100

십팔사략
十八史略

曾先之 編 / 林東錫 譯註

《十八史略》
元, 曾先之 編次
陳殷 音釋, 王逢 點校, 何景春 捐俸刊

"상아, 물소 뿔, 진주, 옥. 진괴한 이런 물건들은 사람의 이목은 즐겁게 하지만 쓰임에는 적절하지 않다. 그런가 하면 금석이나 초목, 실, 삼베, 오곡, 육재는 쓰임에는 적절하나 이를 사용하면 닳아지고 취하면 고갈된다. 그렇다면 사람의 이목을 즐겁게 하면서 이를 사용하기에도 적절하며, 써도 닳지 아니하고 취하여도 고갈되지 않고, 똑똑한 자나 불초한 자라도 그를 통해 얻는 바가 각기 그 자신의 재능에 따라주고, 어진 사람이나 지혜로운 사람이나 그를 통해 보는 바가 각기 그 자신의 분수에 따라주되 무엇이든지 구하여 얻지 못할 것이 없는 것은 오직 책뿐이로다!"

《소동파전집》(34) 〈이씨산방장서기〉에서 구당(丘堂) 여원구(呂元九) 선생의 글씨

〈黑釉三彩馬〉(唐) 明器 1971 河南 洛陽 출토

본권의 역사적 개괄(5)

당唐

🏵 이 《십팔사략》 제5권은 당(唐: 618~907년)이 수隋에 이어 강력한 통일국가를 형성하고 장안(長安, 지금의 西安)에 도읍을 정한 이래, 주전충朱全忠 朱溫에 의해 망하여 오대五代 양(梁, 後梁)으로 이어지기 전까지의 역사를 기술하고 있다.

당나라는 중국 역사에서 '한당漢唐'이라 일컬을 만큼 가장 국력이 세었을 뿐 아니라 문화와 학술, 예술과 문물, 제도와 국력, 대외 개척, 영토, 국제적 영향력 등 각 분야에서 가장 찬란한 한 시기였다. 그만큼 일화도 많고 역사 사실도 복잡하다.

전체 구성은 20명의 황제(1. 唐高祖神堯皇帝 2. 太宗文武皇帝 3. 高宗皇帝 4. 中宗皇帝 5. 睿宗皇帝 6. 玄宗明皇帝 7. 肅宗皇帝 8. 代宗皇帝 9. 德宗皇帝 10. 順宗皇帝 11. 憲宗皇帝 12. 穆宗皇帝 13. 敬宗皇帝 14. 文宗皇帝 15. 武宗皇帝 16. 宣宗皇帝 17. 懿宗皇帝 18. 僖宗皇帝 19. 昭宗皇帝 20. 哀皇帝)를 기紀로 하여 인물과 역사적 사건 및 일화를 엮어나가고 있다.

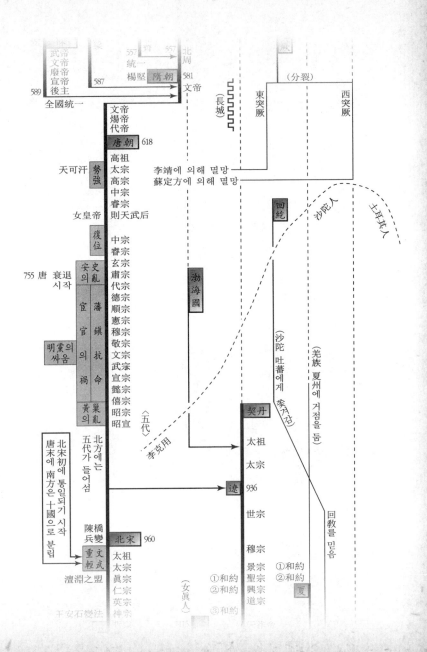

해설 〈차례〉(5)

Ⅰ. 당唐 제국의 건립

당을 건국한 이연李淵은 관서關西의 귀족이었으며 집안의 당국공唐國公을 이어 받아 618년 장안長安에서 황제를 칭하고 국호는 자신의 봉지 이름을 취하여 '당唐'이라 하였다. 이가 당唐 고조高祖이다.

건국 과정에서 둘째아들 이세민李世民의 역할이 매우 컸으며 이세민은 10여 년에 걸쳐 수말隋末 각지 민란과 군웅의 세력을 통합하고 소멸시켜 중국 역대 이래 가장 강력한 통일국가를 재건한 것이다. 당나라의 제도는 기본적으로 수나라 제도를 답습하였으나, 여러 차례의 개혁을 거쳐 더욱 완비된 제도로 효율적인 통치체제를 확립하고 급속히 안정을 취하였다.

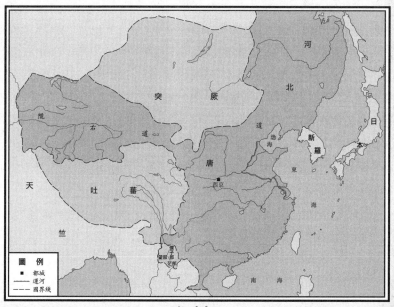

〈唐 영역도〉

Ⅱ. 성당盛唐시대

1. 현무문玄武門의 정변政變

앞서 말한 대로 이세민은 당 고조 이연의 둘째아들이었다. 그는 아버지를 도와 당을 건국하는 데 지극한 공이 있었으나, 태자가 되지 못하자 장안궁長安宮의 북쪽 현무문玄武門에서 형 이건성(李建成, 당시 태자였음)과 아우 제왕齊王 이원길 李元吉을 죽여 왕자의 난을 일으켰다. 이를 역사적으로 '현무문의 정변玄武門之變'이라 한다. 그러자 얼마 뒤 고조는 제위를 이세민에게 물려주고 말았으니 이가 당唐 태종太宗이다.

태종은 아주 뛰어난 정치가이며 군략가였다. 그는 유능한 신하 방현령房玄齡과 두여회杜如晦, 위징魏徵 등의 도움을 받아 아주 조직적이며 효율적인 정치를 베풀었다. 이처럼 백성을 위한 정책을 근본으로 편 결과 당나라는 초반에 곧바로 경제가 일어나고 농업생산이 증대되었으며 국가의 기틀이 안정을 얻게 되었다.

게다가 당 태종은 문교를 제창하여 중앙에 국자학國子學과 태학太學, 사문학 四門學을 설립하여 인재를 배양하였으며, 아울러 산학算學, 의학醫學, 율학律學 등도 빛을 보게 되어 제도의 완비와 국가의 기틀을 바로잡을 수 있었다. 그리고 지방에는 주학州學과 현학縣學을 설립하고 과거제도를 열어 인재를 선발하였다. 과거제도는 수隋나라 때 처음 시작되어 당唐 태종太宗 때 이르러 고정적인 인재 등용의 중요한 관문으로 자리 잡게 된 것이다.

당 태종의 재위 20여 년간 그 연호가 정관(貞觀: 627~649)이었는데 이 당시 사회 번영을 역사적으로 흔히 '정관지치貞觀之治'라 하여 칭송하고 있다.

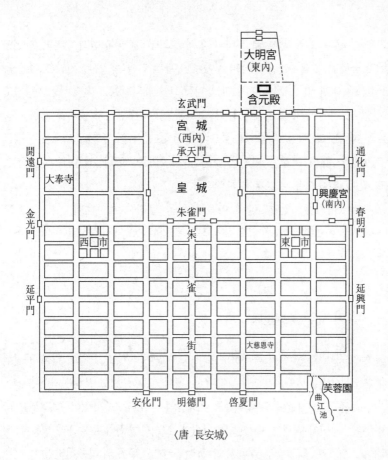

〈唐 長安城〉

2. 당의 대외 정책과 고구려 정벌의 실패

당 태종은 '중국이 안정되면 사이가 저절로 복종해온다'(中國旣安, 四夷自服)라는
정책을 일관하여 소수민족을 멸시하지 않았으며 오히려 그들을 위무하고 끌어들이
기에 힘을 기울였다. 이에 우선 서역과의 교통을 열어 이들이 마음 놓고 드나들게
하였으며 그 외 각지의 유학생을 유치하여 자신들의 문화와 학술을 전파하도록
개방정책을 도입하였다.

그러나 그의 대외 정책 중 최대의 실패는 고구려高句麗 정벌이었다. 자신이 중국의 유일한 대제국을 건설하여 모든 민족과 국가를 복속시켰지만 오직 동쪽 고구려만은 최대 위협으로 남아 있다고 여긴 그는 대외정벌로 그 위세를 자랑하고자 하였다. 이에 수백만 군중을 동원하고 징발하여 수년간의 준비를 거친 다음 육로와 해상으로 직접 원정에 나섰으나 끝내 요동의 안시성安市城에서 원정군의 7, 8할을 잃는 처참한 패전을 맛본 채 돌아서야 했다. 태종은 그 패전을 두고 깊이 후회하며 이렇게 말하였다.

"위징魏徵이 살아 있었더라면 이런 출정을 말려주었을 텐데."

그리고 곧바로 위징의 무덤으로 달려가 소뢰少牢로 제사지내고 비석을 다시 세우도록 하였다고 하였다.

3. 무위지란武韋之亂

태종이 죽고 고종高宗이 즉위하였으나 그는 나이가 어리고 겁이 많아 자신이 사랑하던 무측천(武則天, 則天武后)을 황후로 세워 도움을 받고자 하였지만 도리어 대권이 측천무후에게 집중되는 결과를 초래하였다. 뒤에 중종中宗이 즉위하였으나 측천무후는 자신이 직접 칭제稱制하며 나섰다. 그리하여 차례로 중종과 예종睿宗을 폐위하고 스스로 '성신황후聖神皇后'라 하며 국호도 '주周'로 바꾸어버렸다. 이를 역사적으로는 '무주武周'라 하며 중국 역사상 유일한 '여황제女皇帝' 시대를 열게 된 것이었다. 그러나 그는 혹리를 임용하여 밀고의 풍조를 유도하고, 자신에게 반대하는 자들을 마구 처단하는 등 전횡을 일삼다가 15년 뒤 병이 위독해지고 말았다. 그제야 대신들이 중종을 다시 영입하여 국호를 '당唐'으로 회복하는 등 일련의 변화를 겪게 된다.

중종이 복위한 뒤 이번에는 그의 황후 위씨韋氏가 무후를 흉내내어 중종을 독살하고 여제女帝의 위치를 꿈꾸었다. 그러자 예종睿宗의 아들 이융기李隆基와 무후의 딸 태평공주太平公主가 이 위후를 살해하고 말았다. 이에 예종이 황위를 이었지만 얼마 뒤 아들 이융기에게 자리를 물려주었으며 이가 곧 당唐 현종玄宗이다.

〈唐代 여인의 복장을 알 수 있는 陶俑〉

4. 개원지치開元之治

현종은 연호를 개원(開元: 713~741)이라 하였다. 그는 요숭姚崇과 송경宋璟 등 훌륭한 재상들의 도움으로 무측천의 폐정을 시정하고 정관貞觀 시기의 번영을 다시 일으켜 개원 말에는 호구가 4배로 늘었으며 농토의 개척과 그에 따른 생산력 증대로 태평시대를 맞게 된다. 이를 흔히 '개원지치開元之治'라 하며 '정관지치'와 병칭하여 성당盛唐의 번영기로 칭송하고 있다.

Ⅲ. 당의 몰락

1. 현종玄宗의 실정

현종은 재위 40여 년 동안 처음에는 번영의 행운을 누렸으나 후반기에는 경제적 부유와 사회 안정을 믿고 사치와 놀이로 일삼는 길로 빠지고 말았다. 그는 양귀비楊貴妃에게 탐닉하여 환관宦官 고력사高力士를 신임하였으며, 이 틈을 노린 이임보李林甫와 양국충楊國忠의 정권 농단이 무려 20여 년을 계속하였다. 이들은 매관매직을 일삼고 패도정치를 자행하였으며, 이로써 조정은 부패하고 농민은 다시 곤궁의 늪으로 빠져들었다. 그리고 군부의 불만은 깊어가기 시작하여 마침내 천보(天寶: 742~756)에 이르러 당나라는 융성기에서 쇠락기로 접어드는 변환기를 맞게 되었다.

〈현종과 양귀비의 고사가 얽힌 華淸池〉

「貴妃上馬圖」(元 錢選이 唐 韓滉의 그림을 모방하여 그린 것)

2. 안사安史의 난

당나라는 변방 이민족을 효율적으로 방어하기 위하여 '절도사節度使'제도를 두었다. 그들은 그 지역의 독자적인 병권을 쥐고 그 세력을 키워나갔다.

현종 때 호족胡族 출신의 안록산安祿山은 현종과 양귀비에게 깊은 총애와 신임을 얻어 평로平盧와 범양范陽, 하동河東 등 삼진三鎭을 함께 겸하는 절도사의 막강한 권세를 쥐게 되면서 야심을 품기 시작하였다. 이에 현종이 향락에 빠지고 중앙의 병력이 쇠약해진 틈을 타 양국충楊國忠을 처단하겠다는 명목을 내세워 난을 일으켜 매우 빠른 속도로 낙양洛陽을 점거하였다. 이에 안록산이 '대연황제大燕皇帝'를 칭하며 계속 공격해오자 현종은 할 수 없이 마외역(馬嵬驛 : 지금의 陝西 興平縣)에 이르러 군부의 요구를 수용, 양국충과 양귀비를 죽이고 서쪽 촉蜀의 성도成都로 피신하였다. 안록산이 수도 장안長安을 점거하자 현종은 제위를 태자 이형(李亨, 肅宗)에게 물려주고 말았다. 숙종은 이에 곽자의郭子義와 이광필李光弼을 장수로 삼고 회흘(回紇, 위구르)에게 구원병을 청하여 겨우 반란군에 맞설 수 있었다. 그 때 마침 안록산의 군중에 내분이 일어나 아들 안경서安慶緖가 안록산을 죽이자 그 부장이었던 사사명史思明이 뒤를 이어 안경서를 죽이고 당에 투항하고 말았다. 이리하여 겨우 당은 장안과 낙양을 수복하였다. 그러나 사사명이 뒤어어 다시 반기를 들고 낙양을 점거, 역시 '대연황제大燕皇帝'를 칭하였다. 그런데 그 역시 아들 사조의史朝義에게 피살되었고 당은 다시 회흘병의 도움으로 낙양을 수복하자 사조의가 자살하여 결국 8년간의 전란은 끝을 맺게 된다. 이를 '안사지란安史之亂' 이라 한다.

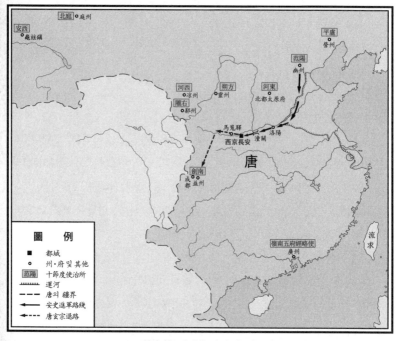

〈節度使 배치와 安史의 난〉

3. 번진蕃鎭의 할거

당나라는 안사의 난 이후 일시적 안정을 얻었지만 스스로 지탱할 힘을 잃고 말았다. 더구나 그 반란 잔여세력을 완전 제거하지 못한 채 그들을 다시 각 진의 절도사로 임명하는 우를 범하고 말았다. 그러자 그들 절도사들은 다시 군권을 장악하여 조정을 위협하는 지경에 이르렀다. 그들은 세금을 자신들을 위해 사용하며 나아가 절도사 직위를 스스로 세습하는 등 하나의 국가처럼 행세하였다. 게다가 번진끼리의 세력 다툼은 끊임없는 전쟁을 유발하여 이것이 곧 당조의 몰락을 재촉하였으며 사회를 혼란의 와중으로 끌고 들어가는 역할을 하였다.

4. 환관과 붕당朋黨

현종이 환관 고력사를 총애하기 시작한 풍조가 뒤를 이어 조정의 환관들은 황제의 측근임을 믿고 횡포를 부렸다. 이리하여 심지어 재상도 그들의 도움 없이는 행정을 펼 수 없는 환경이 되고 말았다. 그런가 하면 도리어 이를 이용한 이임보李林甫나 양국충楊國忠의 경우 군사와 재정은 물론 국가 주요 기밀을 독점하여 점차 세력을 키우고 당파를 조성하는 쪽으로 기울게 되었다.

이 환관의 폐해는 당나라가 망할 무렵, 주온(朱溫, 朱全忠)이 그들 2천여 명을 한꺼번에 없앨 때까지 무려 150여 년간 정권을 농단하여 정치적 암흑기를 겪게 된다.

한편 사족들은 측천무후 집정 시기에 비록 큰 타격을 입기는 하였지만 뒤에 점차 자신들의 입지를 강화하여 무종武宗 때에는 대관들이 두 파벌로 나뉘고 말았다. 즉 하나는 이덕유李德裕를 영수로 한 세족관료世族官僚였으며, 하나는 진사과進士科 출신들을 중심으로 한 과거파科擧派 신진관료들로서 우승유牛僧孺와

이종민李宗閔이 그 우두머리였다. 이들은 서로 격렬한 투쟁을 벌였으며 때로는
환관과 결탁하고, 또는 번진과 손을 잡아 40여 년간 반목과 질투, 공격과 배척으로
일관하였다. 이를 역사적으로는 '우이당쟁牛李黨爭'이라 한다.

IV. 당의 멸망

당말 정치는 암흑으로 접어들고 전쟁이 빈번하였으며 사회는 안정을 얻지 못하였다. 더구나 관부의 징세와 요역이 극심해지자 유랑자가 속출하고 흉년과 기아로 인해 민생은 형언할 수 없는 고통을 겪었다. 이러한 환경은 당연히 민란을 유발하게 되었다. 이들 반란 세력은 점차 커져 결국 당의 멸망으로 이어지고 말았다.

그 중 대표적인 반란이 바로 '황소의 난黃巢之亂'이었다. 그는 동남쪽 십여 개의 성省을 거점으로 수십만 군중을 확보한 다음, 낙양洛陽과 장안長安을 점거하여 국호를 '제齊'라 하며 황제를 칭하였다. 당 조정은 이에 이극용李克用의 사타沙陀 군사의 도움과 북방 번진의 연합병을 이용하여 거우 막아내게 된다. 마침 황소黃巢의 부장 주온朱溫이 당에 항복하고 황소는 패전하여 피살됨으로써 결말을 맺게 된다.

그런데 주온이 당에 항복한 후 주전충朱全忠이라는 이름을 하사받고 절도사로 임명되자 그는 자신의 모략과 웅지를 다시 드날려 결국 907년 당唐 소선제昭宣帝를 협박, 제위를 선양받아 국호를 양(梁, 後梁)으로, 도읍을 대량(大梁, 지금의 하남 開封)으로 하여 오대五代 시대를 열었으며 당唐은 이로써 영원히 역사 속으로 사라지게 된다.

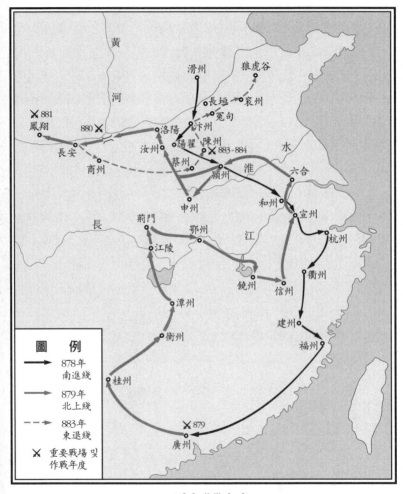

黃河

滑州

狼虎谷

長垣
冤句
兗州

×881
鳳翔

880 ×

長安

洛陽

汴州

汝州
陽翟
陳州
× 883-884

商州

蔡州

潁州
淮

水

六合

申州

和州
宣州

長

荊門
鄂州

江

杭州

江陵

衢州

饒州
信州

潭州

建州

衡州

福州

圖　例

━━▶ 878年
南進線

──▶ 879年
北上線

- - ▶ 883年
東退線

× 重要戰場 및
作戰年度

桂州

×879

廣州

〈당말 黃巢의 난〉

〈黃玉 낙타〉

唐代 韓滉의 〈文苑圖〉

〈당 太宗接見吐蕃使臣圖〉 閻立本

陜西 楡林窟의 벽화

西安의 〈大雁塔〉

〈樂舞群〉陶俑

〈夜宴圖〉(일부)

唐世系圖
(A.D. 618~907)

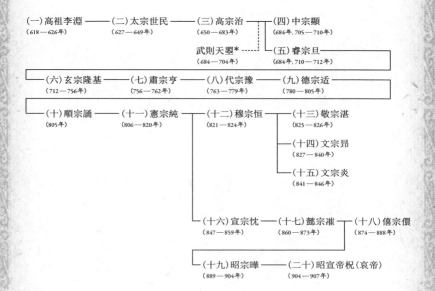

(一) 高祖李淵 ── (二) 太宗世民 ── (三) 高宗治 ── (四) 中宗顯
(618—626年)　　　　 (627—649年)　　　　 (650—683年)　　　 (684年, 705—710年)

武則天曌* ------ (五) 睿宗旦
(684—704年)　　　 (684年, 710—712年)

(六) 玄宗隆基 ── (七) 肅宗亨 ── (八) 代宗豫 ── (九) 德宗适
(712—756年)　　　 (756—762年)　　　 (763—779年)　　　 (780—805年)

(十) 順宗誦 ── (十一) 憲宗純 ── (十二) 穆宗恒 ── (十三) 敬宗湛
(805年)　　　 (806—820年)　　　 (821—824年)　　　 (825—826年)

(十四) 文宗昂
(827—840年)

(十五) 文宗炎
(841—846年)

(十六) 宣宗忱 ── (十七) 懿宗漼 ── (十八) 僖宗儇
(847—859年)　　　 (860—873年)　　　 (874—888年)

(十九) 昭宗曄 ── (二十) 昭宣帝柷 (哀帝)
(889—904年)　　　 (904—907年)

* 684년 中宗(李顯)이 재위 3개월 때 무측천(武則天)이 그를 여릉왕(廬陵王)으로 폐위하고 李旦을 睿宗
으로 세운 뒤 자신이 나서서 수렴청정함. 다시 690년 무측천은 스스로 제(帝)를 칭하며 국호를 周라
하였으며 704년 중종이 복위하였으나 4년만에 죽고 예종이 뒤를 이음.

❀ 이상《십팔사략》제5권은 주로《구당서舊唐書》(劉昫, 後晉, 총 200권)와《신당서
新唐書》(歐陽脩, 宋, 총 225권)를 중심으로 당대의 역사적 사실을 본기本紀와 열전列傳
등을 축으로 하여 편년체編年體로 초략, 재구성한 것이다.

《十八史略》 卷五

(十六) 唐

차 례

◈ 세목細目

(十六) 唐

1. 唐高祖神堯皇帝

2. 太宗文武皇帝

3. 高宗皇帝

4. 中宗皇帝

⑶ 천하의 이성二聖

⑷ 칠묘七廟를 세우다

⑸ 천하가 누구의 것이냐

⑹ 국호를 주周로

⑺ 연꽃이 육랑六郞 같습니다

⑻ 권모술수와 인물 이용

⑼ 얼굴의 침이 마를 때까지 참아라

⑽ 누사덕婁師德

⑾ 혈통대로 하십시오

⑿ 천하의 도리桃李

⒀ 측천대성황제則天大聖皇帝

⒁ 무후武后가 죽다

⒂ 중종中宗의 복위와 위씨韋氏

⒃ 안락공주安樂公主와 위황후韋皇后

⒄ 중종中宗을 독살하다

5. 睿宗皇帝

6. 玄宗明皇帝

7. 肅宗皇帝

8. 代宗皇帝

9. 德宗皇帝

10. 順宗皇帝

11. 憲宗皇帝

15. 武宗皇帝

16. 宣宗皇帝

17. 懿宗皇帝

18. 僖宗皇帝

19. 昭宗皇帝

20. 哀皇帝

十八史略

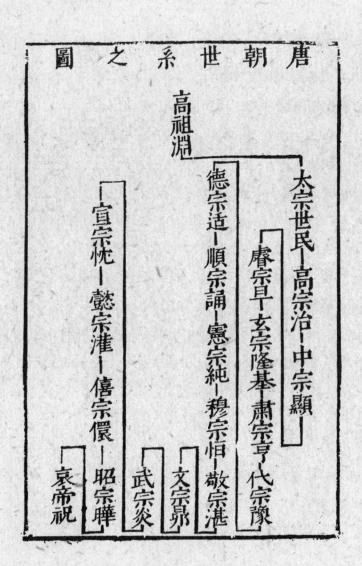

〈唐世系圖〉《三才圖會》

(十六) 唐

1. 唐高祖神堯皇帝

> ⊛ 高祖. 唐나라의 첫 황제.
> 李淵. 618년~626년 재위.

637 고조신요황제高祖神堯皇帝

(1) 자신을 재능을 숨긴 이연李淵

당 고조 신요황제神堯皇帝는 성은 이李이며 이름은 연淵으로 농서隴西의 성기成紀 사람이다. 서량西涼의 무소왕武昭王 고 李暠의 후손이며 조부 호李虎는 서위西魏에 공이 있어 농서공隴西公에 봉해졌었고, 아버지 병李昞은 북주北周 때 당공唐公에 봉해졌으며 이연은 이 작위를 이어받아 당공이 된 것이다.

수隋 양제煬帝는 이연을 홍화弘化 수守로 삼았었는데 백성을 너그럽고 간편하게 통어統御하여 많은 사람들이 그에게 의지하였다.

〈당 고조〉(李淵)《三才圖會》

양제는 이연의 인상이 기이할 뿐 아니라 그의 이름 연淵이 도참圖讖의 예언에 들어맞지나 않을까 미워하였다. 이연은 두려워 마구 술을 마시며 뇌물을 받는 등 어리석은 자인 것처럼 하였다.

천하에 도둑이 일어나 이연을 산서山西, 하동河東의 무위대사撫慰大使로 삼자 천자의 칙명을 받들어 관리의 파면과 승진을 담당하면서 도둑들을 치거나 잡는 일에 많은 치적이 있었다. 그리고 다시 돌궐突厥이 변방을 노략질하자 임금은 이연에게 이를 토벌하게 하였다.

唐高祖神堯皇帝:

姓李氏, 名淵, 隴西成紀人也. 涼武昭王暠之後, 祖虎仕西魏有功, 封隴西公, 父昞於周世封唐公, 淵襲爵. 隋煬帝以淵爲弘化守, 御衆寬簡, 人多附之. 煬帝以淵相表奇異, 名應圖讖忌之. 淵懼, 縱酒納賂以自晦. 天下盜起, 以淵爲山西河東撫慰大使, 承制黜陟, 討捕羣盜多捷. 突厥寇邊, 詔淵擊之.

【暠之後】《世紀》에 "李暠가 欽을 낳고, 欽이 重耳를, 重耳가 熙를, 熙가 天錫을, 天錫이 虎를 낳았는데 이가 고조 이연의 할아버지이다"라 하였다.(世紀暠生欽, 欽生重耳, 重耳生熙, 熙生天錫, 天錫生虎, 乃帝祖也. −원주)

【圖讖】당시 이씨가 흥하리라는 참언이 있었음.(時有李氏將興之語. −원주)

(2) 둘째 아들 이세민李世民

이연의 둘째아들 세민世民은 총명하고 용기와 결단력이 있었으며 식견과 도량도 남보다 뛰어났다. 그는 수나라 왕실이 바야흐로 어지러워지고 있음을 알고 몰래 천하 통일의 뜻을 품고 진양晉陽의 궁감宮監 배적裵寂, 그리고 진양의 현령 유문정劉文靜과 결탁하여 사귀고 있었다. 유문정이 이세민에게 말하였다.

"지금 황제는 남쪽을 순행 중인데 도둑들은 수만을 헤아릴 정도요. 바로 이때 진정한 군주가 있어 어가

〈唐 太宗(李世民:598~649)〉

御駕를 몰아 이용한다면 천하를 취하기가 손바닥을 뒤집는 것과 같을 것입니다. 태원太原의 백성 중에 가히 10만은 얻을 수 있으며 존공尊公이 거느리고 있는 군사도 수 만 명은 됩니다. 이로써 빈틈을 타 관중關中으로 들어가 천하를 호령한다면 불과 반년이면 제업帝業을 이룰 것입니다."

이세민은 웃으면서 말하였다.

"그대 말이 내 뜻과 같소."

이에 부서에 배치하였다. 이연은 이를 알지 못하고 있었다.

마침 이연의 병사들은 돌궐突厥을 막아 싸우고 있었는데 제대로 이기지 못하여 죄를 얻지나 않을까 두려워하고 있었다. 이세민은 이연이 한가한 틈을 타 설득하였다.

"민심에 따라 의병을 일으켜 전화위복으로 삼아야 합니다."

이연이 크게 놀라 말하였다.

"너는 어찌하여 그런 말을 하느냐? 나는 지금 너를 잡아 현관에게 고발하리라."

세민은 천천히 말하였다.

"제가 천시天時와 인사를 보건대 이와 같습니다. 그러므로 감히 발설하는 것입니다. 반드시 잡아 고발하실 것이면 감히 죽음도 사양하지 않겠습니다."

이연이 말하였다.

"내 어찌 너를 차마 고발하겠느냐? 너는 조심해서 그런 말을 입 밖에 내지 말라."

淵次子世民, 聰明勇決, 識量過人. 見隋室方亂, 陰有安天下之志, 與晉陽宮監裴寂, 晉陽令劉文靜相結.

文靜謂世民曰:「今主上南巡, 羣盜萬數, 當此之際, 有眞主, 驅駕而用之, 取天下如反掌耳. 太原百姓, 收拾可得十萬人, 尊公所將兵復數萬. 以此乘虛入關, 號令天下, 不過半年帝業成矣.」

世民笑曰:「君言正合我意.」

乃陰部署, 而淵不知也. 會淵兵拒突闕不利, 恐獲罪.

世民乘閒說淵:「順民心, 興義兵, 轉禍爲福.」

淵大驚曰:「汝安得爲此言? 吾今執汝告縣官.」

世民徐曰:「世民觀天時人事如此, 故敢發言. 必執告, 不敢辭死.」

淵曰:「吾豈忍告, 汝愼勿出口.」

【晉陽宮監】宮禁을 관장하는 직책이었음.
【主上】煬帝를 가리킴.
【尊公】高祖 李淵.

⑶ 흥해도 너 때문, 망해도 너 때문

이튿날 이세민은 다시 아버지를 설득하였다.

"사람들이 모두 이씨李氏 성이 도참의 예언에 응한다고 전하고 있습니다. 그 때문에 이금재李金才는 아무 이유도 없이 무고하게 멸족을 당하였습니다. 대인께서 능히 도적을 모두 없앴는데 공적이 높음에도 상은 없고 몸은 더욱 위험해질 것입니다. 어제 드린 말씀은 화에서 구원받을 수 있으며 이는 만전을 기하는 책략입니다. 원컨대 의심이 없으시기를 바랍니다."

이연은 탄식하였다.

"나는 밤새도록 너의 말을 생각해 보았더니 역시 크게 일리가 있었다. 오늘 집안이 깨어지고 몸이 망한다면 이 역시 너 때문이요, 집을 일으켜 나라를 세운다면 이 역시 너로 말미암을 것이다."

明日復說曰:「人皆傳, 李氏當應圖讖. 故李金才無故族滅, 大人能盡賊, 則功高不賞, 身益危矣. 惟昨日之言, 可以救禍, 此萬全策, 願勿疑.」

淵歎曰:「吾一夕思汝言, 亦大有理, 今日破家亡身亦由汝, 化家爲國亦由汝矣.」

⑷ 일이 절박합니다

이에 앞서 배적裵寂이 진양궁晉陽宮의 시녀 하나를 이연에게 바친 적이 있었다. 그 뒤 이연이 배적을 따라 술을 마시게 되었는데 술기운이 오르자 배적이 말하였다.

"그대의 둘째아들이 몰래 군사와 말을 기르면서 대사를 거행하고자
합니다. 이는 바로 제가 궁녀를 그대에게 모시도록 한 것이 만약 발각되면
함께 주살될 것을 겁내어 그런 것입니다."

그때 마침 양제煬帝는 이연이 능히 돌궐突厥을 막아내지 못했다 하여
사자를 보내어 이연을 잡아 강도江都로 보내려 하였다.

이세민은 배적 등과 함께 다시 이연을 설득하였다.

"일은 이미 절박합니다. 빨리 계책을 결정함이 마땅합니다. 게다가
진양晉陽의 군사와 말은 강하고 궁궐에는 돈이 거만巨萬이나 쌓여 있습니다.
수隋의 대왕代王은 어리고 세력이 없으며, 관중關中에는 호걸들이 아울러
일어나고 있습니다. 공께서 북을 치며 서쪽으로 향하여 이들을 위무하여
가주시면 이는 주머니 속의 물건을 꺼내는 것처럼 쉽습니다."

이연이 그제야 군사를 모아 기병하자 원근에서 군사들이 모여들었다.
그러자 여전히 돌궐에 사자를 보내어 병사를 빌려오도록 하였다.

先是, 裴寂私以晉陽宮人侍淵. 淵從寂飮.

酒酣寂曰:「二郎陰養士馬, 欲擧大事, 正爲寂以宮人侍公, 恐事
覺倂誅耳.」

會煬帝以淵不能禦寇, 遣使者執詣江都.

世民與寂等, 復說曰:「事已迫矣, 宜早定計. 且晉陽士馬精强,
宮監蓄積巨萬. 代王幼冲, 關中豪傑並起. 公若鼓行而西, 撫而
有之, 如探囊中物耳.」

淵乃召募起兵, 遠近赴集, 仍遣使借兵於突闕.

【二郎】李世民을 가리킴.
【倂誅】궁인들이 그 모책이 드러날까 두려워 그 때문에 몰래 士馬를 기르면서
  감히 발설하지 않은 것임.(恐宮人覺其謀, 故陰養士馬而不敢泄也. -원주)

(5) 드디어 황제로 오르다

이세민은 군사를 이끌고 서하西河를 공격하여 이를 함락하고 그 군의 군승郡丞 고덕유高德儒의 목을 베면서 이렇게 따졌다.

"너는 전에 들새를 가리키며 난鸞이라고 군주를 속였다. 우리가 의병을 일으킨 것은 바로 아첨하는 그러한 신하를 주살하기 위해서일 따름이다."

그리고 다시 진군하여 곽읍霍邑을 취하고 임분臨汾의 강군絳郡을 공략하고, 한성韓城을 항복받고 풍익馮翊을 함락시켰다.

이연은 군사를 남겨두어 하동河東을 포위토록 하고 자신은 군사를 이끌고 서쪽으로 향하였다. 그리하여 세자 건성建成을 파견하여 동관潼關을 지키게 하고 이세민은 위수渭水의 북쪽을 순회하였다. 이에 관중關中의 도둑들은 모두 이연에게 항복하였고, 이연은 여러 군대를 합하여 장안長安을 포위, 이를 함락하였다.

그리고 공제恭帝를 세우고 자신은 대승상 당왕大丞相唐王이 되어 구석九錫을 하사받았으며 얼마 후 제위를 선양 받았다.(618년) 건성建成을 황태자로 세우고, 세민을 진왕秦王으로, 원길元吉을 제왕齊王으로 삼았다.

世民引兵擊西河拔之, 斬郡丞高德儒, 數之曰:「汝指野鳥爲鸞, 以欺人主, 吾興義兵, 正爲誅佞人耳.」

進兵取霍邑, 克臨汾絳郡, 下韓城降馮翊. 淵留兵圍河東, 自引兵西. 遣世子建成守潼關, 世民徇渭北, 關中羣盜悉降於淵, 合諸軍圍長安克之. 立恭帝, 淵爲大丞相唐王, 加九錫, 尋受禪.

立子建成爲皇太子, 世民爲秦王, 元吉爲齊王.

【西河】 郡 이름이며 山西에 속함. 지금의 汾州.

【野鳥爲鸞】《通鑑》에 "隋나라 大業 12년에 孔雀 두 마리가 西苑에서 날아올라 寶成朝堂 앞에 모여들자 德儒 등이 이를 鸞鳳이라 보고하였다. 이에 百官들이 축하하자 조칙을 내려 德儒를 발탁하여 朝散大夫로 삼았다"라 하였다.(通鑑: 隋大業十二年, 有二孔雀, 自西苑, 飛集寶成朝堂前, 德儒等奏以爲鸞, 於是百官稱賀, 詔以德儒擢拜朝散大夫. −원주)

【霍邑】 縣 이름으로 霍州에 속함.

【臨汾】 역시 縣 이름으로 平陽에 속함.

【絳郡】 지금의 絳州.

【韓城】 縣이름으로 同州에 속함.

【元吉】 李淵의 셋째아들.

638 양동楊侗이 황제를 칭하다

수隋의 동도東都 유수 월왕越王 동楊侗은 양제煬帝의 손자이다. 역시
여러 사람에게 추대되어 낙양洛陽에서 황제를 칭하였다.(618년)

○ 隋東都留守越王侗, 煬帝之孫也. 亦爲衆所立, 稱帝於洛陽.

【東都】隋나라는 河南府(洛陽)를 東都로 삼았었다.
【侗】楊侗, 隋煬帝(楊廣)의 손자이며 元德太子의 둘째아들.

639 설인고薛仁杲

진주秦主 설거薛擧가 죽고 아들 인고薛仁杲가 섰다.(618년)

○ 秦主薛擧卒, 子仁杲立.

640 이밀李密이 항복하다

위공魏公 이밀李密이 수나라 군사와 싸웠으나 크게 패하여 당에 항복
하였다.(618년)

○ 魏公李密, 與隋兵戰, 大敗降於唐.

641 허제許帝

우문화급字文化及이 자신이 세웠던 군주 호字文浩를 죽이고 자칭 허제
許帝라 하였다.(618년)

○ 宇文化及, 弑其所立主浩, 自稱許帝.

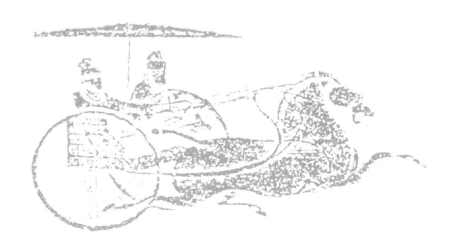

642 양왕涼王

양왕涼王 이궤李軌가 황제를 칭하였다.(618년)

○ 涼王李軌稱帝.

643 설인고薛仁杲를 목베다

당의 진왕秦王 세민李世民이 진秦을 깨뜨려 진의 군주 설인고薛仁杲가 항복하였다.(618년) 세민은 그를 장안으로 보내어 거리에서 베었다.

○ 唐秦王世民破秦, 秦主薛仁杲降, 送長安斬於市.

【秦】이상 秦나라는 薛擧가 隋煬帝 大業 13년 참칭한 이래 이때에 이르러 1世 2년 만에 망하였다.(右秦薛擧, 自隋煬帝大業十三年僭號, 至是一世, 凡二年而亡. —원주)

644 서세적徐世勣의 항복

이밀의 장수 서세적徐世勣이 이밀의 옛 영토를 점거하고 당에 항복하
였다. 그에게 이李씨 성을 하사하였다.(618년)

○ 李密之將徐世勣, 據密舊境降唐, 賜姓李.

✴ 이상 范氏는 賜姓 문제에 대하여 이렇게 評하였다.
范曰:「古者天子建國, 賜姓命氏. 姓氏所以別其族類之所出也. 自三代之衰,
稱姓者或以國, 或以族, 或以地, 或以官. 子孫各本於其祖, 不可改也. 漢高祖
賜婁敬姓爲劉, 鄙陋無稽, 而唐世人主遂以爲法. 以逆族異類爲同宗, 然則古之
賜姓別之, 而後之賜姓者亂之者也. 夫惟天親不可以人爲, 而强欲同之, 豈循
理者乎? 上瀆其姓, 下忘其祖, 非先王之制, 下可爲後世法也.」

645 하왕夏王

　두건덕竇建德이 하북河北의 여러 주州를 취하여 자칭 하왕夏王이라
하였다.(617년)

○ 竇建德取河北諸州, 自稱夏王.

646 이밀의 배반과 죽음

이밀이 당을 배반하자 당인唐人이 그를 잡아 목베었다.

○ 李密叛唐, 唐人獲而斬之.

【唐人】 行軍總管인 盛彦師.
✸ 원주의 기록은 다음과 같다.
이상 魏나라의 李密은 隋 大業 13年에 참칭한 이래 뒤에 唐에게 항복하였다.
이때에 이르러 다시 반란하였으며 무릇 2년 만에 망하였다.(右魏李密, 自隋
大業十三年僭號, 後降唐, 至是復叛凡二年而亡.)

647 두건덕寶建德

하주夏主 두건덕寶建德이 우문화급宇文化及을 깨뜨리고 그를 죽였다.
(619년)

○ 夏主寶建德, 破宇文化及誅之.

❋ 원주의 기록은 다음과 같다.
《世紀》에 "許의 宇文化及은 武德 元年에 참칭한 이래 이때에 이르러 2년
만에 망한 것이다"라 하였다.(世紀: 許宇文化及, 自武德元年僭號, 至是二年
而亡.)

648 정제鄭帝

　수주隋主 동楊侗의 재위 1년에, 왕세충王世充이 이를 폐위하고 자립하여
정제鄭帝가 되어 얼마 후 동을 죽였다.

○ 隋主侗立一年, 王世充廢之, 而自立爲鄭帝, 尋弑侗.

649 하서河西를 평정하다

당은 장수를 보내어 양주涼主 이궤李軌를 쳐서 이를 잡아 돌아와 죽였다.
하서河西가 평정되었다.(618년)

○ 唐遣將襲涼主李軌, 執歸殺之. 河西平.

【將】安貴興이었음.
✱ 원주의 기록은 다음과 같다.
이상 涼의 李軌는 隋나라 大業 13년에 참칭한 이래 이때에 이르러 3년
만에 망한 것이다.(右涼李軌, 自隋大業十三年僭號, 至是凡三年而亡.)

650 양왕凉王

심법흥沈法興이 비릉毗陵에서 양왕凉王을 칭하였다. (619년)

○ 沈法興稱凉王於毗陵.

【毗陵】郡 이름으로 延陵이다.

651 오제吳帝

이자통李子通이 강도江都에서 오제吳帝를 칭하였다.(619년)

○ 李子通稱吳帝於江都.

652 두복위杜伏威

두복위杜伏威가 당에 항복하였다.

○ 杜伏威降唐.

653 정양定陽의 칸可汗

당의 진왕秦王 세민李世民이 정양定陽의 장수 송금강宋金剛을 쳐서 깨뜨
렸다. 정양의 칸可汗 유무주劉武周와 금강은 모두 달아나 죽었다.(620년)

○ 唐秦王世民擊定陽將宋金剛破之. 定陽可汗劉武周, 及金剛,
皆走死.

❋ 원주의 기록은 다음과 같다.

이상 定陽의 劉武周는 隋나라 大業 13년에 참칭한 이래 이때에 이르러
3년 만에 망한 것이다.(右定陽劉武周, 自隋大業十三年僭號, 至是凡三年而亡.)

654 이세민李世民이 정鄭을 치다

당의 진왕秦王 이세민이 여러 군사를 통솔하여 정鄭, 王世充을 쳤다.
(620년)

○ 唐秦王世民督諸軍伐鄭.

655 심법흥沈法興이 죽다

오주吳主 이자통李子通이 양梁을 공격하여 양주梁主 심법흥沈法興은
달아나다 죽었다.(620년)

○ 吳主李子通襲梁, 梁主沈法興走死.

🏵 원주의 기록은 다음과 같다.
《世紀》에 "梁의 沈法興은 武德 2년에 참칭한 이래 3년 만에 망한 것이다"라
하였다.(世紀: 梁沈法興自武德二年僭號, 凡三年而亡.)

656 이세민李世民의 개선

하주夏主 두건덕이 정鄭을 구원하러 나서자 당 진왕 이세민이 크게
깨뜨리고 사로잡았다. 정주鄭主 왕세충이 항복하였다.

이세민이 장안長安에 이르러 황금 갑옷을 입고 25명의 장군이 그
뒤를 따랐으며, 철기鐵騎가 만 필匹, 갑사甲士가 3만이었다. 포로를 태묘
太廟에 바치고 두건덕을 효시하고 왕세충은 사면하여 서인庶人으로 삼았
다가 얼마 후 몰래 사람을 시켜 죽여버렸다.

○ 夏王竇建德救鄭, 唐秦王世民, 大破擒之. 鄭主王世充降,
世民至長安, 被黃金甲, 二十五將從其後, 鐵騎萬匹, 甲士三萬.
獻俘太廟, 斬建德於市, 赦世充, 尋使人潛殺之.

❋ 원주의 기록은 다음과 같다.
⑴ 이상 夏의 竇建德은 隋나라 大業 13년에 참칭한 이래 이때에 이르러
4년 만에 망한 것이다.(右夏竇建德, 自隋大業十三年僭號, 至是四年而亡.)
⑵ 鄭의 王世充은 武德 2년에 참칭한 이래 이때에 이르러 3년 만에 망한
것이다.(鄭王世充, 自武德二年僭號, 至是三年而亡. -원주)

657 유흑달劉黑闥의 기병

두건덕의 옛 장수 유흑달劉黑闥이 처음으로 장남漳南에서 기병하였다.
(622년)

○ 竇建德故將劉黑闥, 始起兵於漳.

658 양주梁主 소선蘇銑

당은 장수 이정李靖을 보내어 양梁을 치게 하였다. 양주梁主 소선蘇銑은
항복하여 장안으로 압송되어 목을 베었다.(621년)

○ 唐遣將李靖伐梁. 梁主蕭銑降, 送長安斬之.

✹ 원주의 기록은 다음과 같다.
이상 梁의 蕭銑은 隋나라 大業 13년 江陵을 점거하였다가 이때에 이르러
4년 만에 망한 것이다.(右梁蕭銑, 自隋大業十三年據江陵, 至是四年而亡.)

〈李靖(藥師)〉《三才圖會》

659 오주吳主 이자통李子通

두복위杜伏威가 오주吳主 이자통李子通을 공격하여 이를 잡아 장안으로 보내어 죽였다.(621년)

○ 杜伏威擊吳主李子通, 執送長安, 伏誅.

✵ 원주의 기록은 다음과 같다.

이상 吳의 李子通은 隋나라 大業 11년에 참칭한 이래 이때에 이르러 7년 만에 망한 것이다.(右吳李子通, 自隋大業十一年僭號, 至是七年而亡.)

660 한동왕漢東王

유흑달이 자칭 한동왕漢東王이라 하였다. (622년)

○ 劉黑闥自稱漢東王.

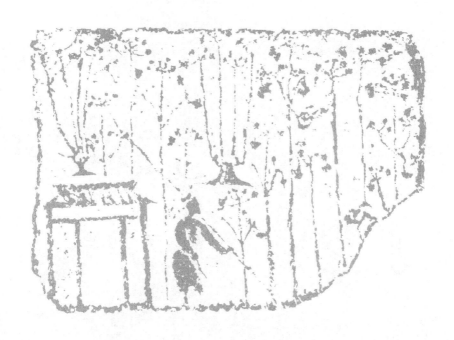

661 초주楚主 임사홍林士弘

초주楚主 임사홍林士弘이 죽고, 그의 무리는 마침내 흩어졌다.(622년)

○ 楚主林士弘卒, 其衆遂散.

✸ 원주의 기록은 다음과 같다.
이상 楚의 林士弘은 隋나라 大業 12년에 참칭한 이래 이때에 이르러 7년
만에 망한 것이다.(右楚林士弘, 自隋大業十二年僭號, 至是凡七年而亡.)

662 유흑달劉黑闥

한동漢東의 장수가 유흑달劉黑闥을 잡아 당唐에 항복하여 유흑달을 베었다.(623년)

○ 漢東將執黑闥降唐, 斬之.

【將】 당시의 장수는 諸葛德威이었음.

❋ 원주의 기록은 다음과 같다.

이상 漢東의 劉黑闥은 武德 5년 참칭한 이래 이때에 이르러 2년 만에 망한 것이다.(右漢東劉黑闥, 自武德五年僭號, 至是二年而亡.)

663 보공석輔公祏

　당 회남도淮南道의 행대복야行臺僕射 보공석輔公祏이 단양丹陽에서 반기를 들자 당의 장수가 이를 쳐서 베었다.

　○ 唐淮南道行臺僕射輔公祏, 反於丹陽, 唐將擊斬之.

【輔公祏】輔는 성씨이며 公祏은 이름.
【丹陽】縣 이름으로 鎭江에 속한다.
【將】당시의 장수는 李靖이었음.

664 양문간楊文幹의 반란

경주慶州 도독都督 양문간楊文幹이 반란하여 진왕 이세민을 보내어
이를 토벌, 평정토록 하였다.

○ 慶州都督楊文幹反, 遣秦王世民討平之.

【慶州】鞏昌에 속하며 弘化郡.

665 돌궐突厥의 침입

돌궐突厥이 침입해 오자 진왕 이세민을 보내어 막도록 하였다. 빈주幽州에서 만나자 이세민은 기병을 이끌고 돌궐의 진영으로 나아가 이렇게 고하였다.

"나는 진왕이다."

돌궐은 감히 싸우지 못하고 맹약을 받아들이고 물러갔다.

○ 突厥入寇, 遣秦王世民禦之.

遇於幽州, 世民帥騎馳詣虜陣, 告之曰:「我秦王也.」

虜不敢戰, 受盟而退.

【帥】음은 '솔'(率)이다.

666 천하 평정과 제도 확립

당唐이 건국된 지 7년(624년) 만에 제왕을 참람하게 일컫던 자들이 모두 망하고 천하가 이윽고 평온해졌다. 이 해에 처음으로 주현州縣에 향학鄕學을 설치하였다. 황제는 몸소 국자학國子學에 가서 선성先聖과 선사先師를 제사지내고 비로소 관제官制를 제정하고 새 율령律令을 반포하였다.

균전법均田法과 조租, 용庸, 조調의 법을 정하였다.

조租는 정중丁中의 백성에게는 전지田地 1경頃을 주고, 중한 병자에게는 10분의 6을 감하고, 남편을 잃은 아내나 첩에게는 10분의 7을 감하였다. 모두 10분의 2는 대대로 물려주게 하였으며 10분의 8은 자신의 소득으로 하였다.

매 정년丁年의 나이에는 벼 2섬을 조세로 바치게 하였다.

조調는 그 지방에 따라 능綾, 견絹, 시絁, 베를 바치게 하였다.

용庸은 1년에 20일씩 요역을 하되 노역에 복무하지 않을 때는 날짜별로 능, 견, 시 등으로 계산하여 하루 3척으로 하며, 일이 있어서 임시로 노역을 더 해야 할 경우, 15일이면 조調를 면제하고, 30일이면 조租와 조調를 모두 면제하였다. 수해나 한발, 충해, 서리의 재해로 인해 10분의 4 이상 수확이 줄었을 때에는 조租를 면제하고, 10분의 6 이상이 줄었을 때에는 조調를 면제하고, 10분의 7 이상일 때에는 과課와 역役을 모두 면제하기로 하였다.

백성의 재산을 9등급으로 나누고, 1백 호를 이里로, 5리를 향鄕으로, 네 집을 인隣으로, 네 인을 보保로 하였다.

성읍城邑에 있는 지역을 방坊이라 하고, 전야田野에 있는 것을 촌村이라 하였다. 벼슬로 녹祿이 있는 집은 백성과 이익을 다투는 장사에 종사하지 못하게 하고, 공업과 상업 그 밖의 잡업雜業에 종사하는 사람은 사인士人의 일에 참여하지 못하게 하였다.

또 남녀 갓 태어난 자를 황黃이라 하고, 4살부터는 소인小人이라 하고, 16살부터는 중中이라 하고, 20살이 되면 정丁이라 하고, 60살이 되면 노老라 하였다. 해마다 조세를 계산하여 장부에 기록하며, 3년마다 호적을 만들기로 하였다.

○ 唐興七年, 僭僞皆亡, 天下旣定. 是歲初置州縣鄉學. 帝親詣國子學, 釋奠于先聖先師, 始定官制, 頒新律令. 定均田租庸調法.

丁中之民, 給田一頃, 篤疾減十之六, 寡妻妾減七. 皆以十之二爲世業, 八爲口分. 每丁歲入租粟二石.

調隨土之所宜, 綾絹絁布.

歲役二旬, 不役卽收其庸, 日三尺, 有事而加役者, 旬有五日免其調, 三旬租調俱免. 水旱蟲霜, 十損四以上, 免租; 損六以上, 免調. 損七以上, 課役俱免.

民貲業分九等, 百戶爲里, 五里爲鄉, 四家爲隣, 四隣爲保. 在城邑者爲坊, 田野者爲村. 食祿之家, 無得與民爭利, 工商雜類, 無預士伍. 男女始生爲黃, 四歲爲小, 十六爲中, 二十爲丁, 六十爲老, 歲造計帳, 三歲造戶籍.

【先聖】孔子를 가리킴.
【先師】顔回를 가리킴.
【始定官制】《通鑑》에 의하면 "改大摠宮爲大都督府, 以太尉司徒司空爲三公, 次尙書, 門下, 中書, 祕書, 殿中, 內侍, 爲六省, 次御史臺, 次太常, 至太府, 爲九等, 次將作監, 次國子學, 次天策上將府, 次左右衛, 至左右領衛, 爲十四衛, 東宮置三師, 三少, 詹事, 及兩坊, 三寺, 十率府, 王公置府佐國官, 公主置邑司, 並爲京職事官, 州縣鎭戌爲外職事官, 自開府儀同三司, 至將仕郎, 二十八階, 爲文散官, 驃騎大將軍至陪戎副尉, 三十一階爲武散官, 上桂國至武騎尉, 十二等爲勳官"이라 함.(원주)

【庸】傭과 같음.

【十之二】10분의 8은 백성이 소유하며 10분의 2만 관에 납부함.

【世業】대대로 그 업을 이어감. 가업과 같음.

【九等】상중하를 다시 상중하로 세분하여 아홉 등급으로 나눔.(上上, 上中, 上下, 中上, 中中, 中下, 下上, 下中, 下下. —원주)

【計帳】매년 한 번씩 그 장부를 고쳐 기록함.(每歲一改賦稅簿籍. —원주)

【戶籍】3년에 한 번씩 호구를 조사하여 장부를 만들어 기록함.(三年一改戶口簿籍. —원주)

667 이세민李世民의 성망이 높아가자

처음에 당唐이 진양晉陽에서 일어난 것은 모두 이세민의 모책이었다. 황제李淵는 세민을 후사로 삼고자 하였으나 세민이 고사하여 그만두었다. 그러나 태자 건성建成 맏아들은 주색에 빠지고 사냥을 일삼았으며, 제왕齊王 원길元吉 셋째는 과실이 많았다. 세민의 공과 명성은 날로 높아갔다. 건성은 이에 원길과 협조하여 세민을 넘어뜨리기로 모의하고 이연의 여러 비빈妃嬪들에게 뜻을 굽혀 아첨하며 섬겼지만 세민만은 유독 그들을 섬기지 않았다. 이로부터 이연의 측근들은 모두 건성과 원길을 칭찬하고 세민의 단점만 들추었다.

初唐之起晉陽, 皆世民之謀. 帝欲以世民爲儲嗣, 世民固辭而止. 太子建成, 喜酒色遊畋; 齊王元吉多過失. 而世民功名日盛. 建成乃與元吉, 協謀傾世民, 曲意諂事諸妃嬪, 世民獨不事之. 由是左右皆譽建成元吉, 而短世民.

【儲嗣】태자를 '儲嗣'라 함.(太子曰儲嗣. -원주)

668 현무문玄武門의 정변

무덕武德 9년(626년) 6월, 태백성太白星이 한낮에 태양 아래를 지나 진秦의 분야에 나타났다.

건성과 원길이 세민을 죽이려고 하였다. 진왕부秦王府의 속관房玄齡, 杜如晦이 세민에게 주공周公 단旦의 고사를 권하며 극력 청하여 결정을

〈울지경덕(尉遲恭)〉《三才圖會》

보았다. 이에 세민은 몰래 글을 올렸다.

"형 건성과 아우 원길은 저를 죽이려 합니다. 이는 마치 왕세충王世充이나 두건덕竇建德을 위해 저에게 보복하는 것과 같습니다."

그리고 세민은 이튿날 군사를 이끌고 현무문玄武門에 매복하였다. 건성과 원길이 현무문으로 들어왔다가 변이 있음을 깨닫고 되돌아가려고 하였다.

세민이 건성을 추격하여 쏘아 죽이고, 울지경덕尉遲敬德은 원길을 쏘아 죽였다. 이리하여 이연은 세민을 태자로 세워 군軍과 국사는 모두 태자에게 맡겨 처리하고, 그런 연후에 자신에게 보고하도록 하였다.

처음 동궁東宮의 관속이었던 위징魏徵이 여러 차례 건성에게 세민을 없애도록 권하였었다. 이때에 이르러 세민은 위징을 불러 형제 사이를 이간시키려 했던 일을 꾸짖었다. 그러나 위징의 태도는 자약하여 대답에 굴복함이 없어 세민은 이를 예로써 대우하였다.

왕계王珪 역시 일찍이 건성을 위해 모책을 일러준 적이 있었지만 세민은 모두 오히려 간의대부諫議大夫를 삼았다. 이연은 태상황제太上皇帝라 자칭하며 조서를 내려 제위를 태자에게 전하였다. 이가 태종문무황제太宗文武皇帝이다.

○ 武德九年六月, 太白經天, 見秦分. 建成元吉欲殺世民, 秦府僚屬, 勸王行周公之事, 力請乃決.

於是密奏:「兄弟專欲殺臣, 似爲世充建德報讐.」

明日帥兵伏玄武門. 建成元吉入, 覺有變欲還. 世民追射建成殺之, 尉遲敬德射殺元吉. 遂立世民爲太子, 軍國事悉委太子處決. 然後聞奏.

初東宮官屬魏徵, 屢勸建成除世民. 及是世民召徵, 責以離間兄弟. 徵擧止自若, 對不屈, 世民禮之. 王珪亦嘗爲建成謀, 皆以爲諫議太夫. 帝自稱爲太上皇帝, 詔傳位於太子. 是爲太宗文武皇帝.

【分】 分野. 하늘의 해당 위치를 땅의 위치에 대비시킨 것.
【周公之事】 주공이 관숙을 주벌한 일.(周公誅兄管叔. −원주)
【兄弟專欲殺】 이세민이 형 建成과 아우 元吉을 살해하고자 함.
【尉遲】 복성으로 '尉'은 '울'(鬱)로 읽음.(尉音鬱. −원주)
　❋ 이 사건에 대한 范氏의 史評은 다음과 같다.
范曰:「建成雖無功太子也, 太宗雖有功藩王也. 太子君之貳, 父之統也, 而殺之, 是無君父也. 立子以長不以功, 所以重先君之世也, 故周公不有天下. 弟雖齊聖, 不先於兄久矣. 論者或以太宗殺建成元吉, 比周公誅管蔡. 臣竊以爲不然. 昔者, 象日以殺舜爲事, 舜爲天子也則封之; 管蔡啓商以叛周, 周公爲相也則誅之. 其迹不同而其道一也. 舜知象之將殺己也. 故象憂亦憂, 象喜亦喜. 盡其誠以親愛之而已矣. 象得罪於舜, 故封之; 管蔡流言於國, 將危周公以間王室, 得罪於天下, 故誅之. 非周公誅之, 天下之所當誅也, 周公豈得而私之哉? 後世如有王者, 不幸而有害兄之弟如象, 則當如舜封之是也; 不幸而有亂天下之兄如管蔡, 則當如周公誅之是也. 舜處其常, 周公處其變, 此聖人所以同歸于道也. 若夫建成元吉, 豈得罪於天下者乎? 苟非得罪於天下, 則殺之者, 己之私也, 豈周公之心乎? 或者又以爲使建成爲天子, 又輔之以元吉, 則唐必亡. 臣曰: 古之賢人,守死而不爲不義者, 義重於死故也. 若必爲子不孝, 爲弟不弟, 悖天理滅人論, 而有天下, 不若亡之愈也. 故爲唐史者書曰: 『秦王世民, 殺皇太子建成齊王元吉, 立世民爲皇太子』, 然則太宗之罪著矣.」

2. 太宗文武皇帝

⊛ 太宗. 唐나라의 제2대 황제.
李世民. 627년~649년 재위.

669 태종문무황제太宗文武皇帝

(1) 용봉의 자태, 태양의 표상

태종문무황제는 이름이 세민李世民이며
어릴 때 어떤 서생書生이 그를 보고 이렇게
말하는 것이었다.

"용봉龍鳳의 자태요, 태양의 표상이로다.
그 나이가 거의 관례를 할 때쯤이면 틀림
없이 세상을 구원하고 백성을 편안하게
할 것이다."

서생이 떠나고 나서 고조高祖가 이를
듣고 사람을 시켜 그를 뒤쫓게 하였으나
찾을 수 없었다. 이에 그의 말에 따라
이름을 '세민世民'이라 지었다. 세민은 나이
열여덟에 의병을 일으켰다.

〈당 태종〉(이세민)《三才圖會》

太宗文武皇帝:

名世民, 幼日有書生見之曰:「龍鳳之姿, 天日之表, 其年幾冠, 必能濟世安民.」

書生去, 高祖使人追之, 不見. 乃採其語爲名, 年十八擧義兵.

(2) 영특한 군주로다

이밀李密이 당에 항복하여 처음에는 먼저 고조高祖 앞에 나갔을 때 그의 얼굴은 그래도 오만한 빛이 보였다. 그러나 다음에 진왕秦王 이세민을 만나보게 되자 감히 얼굴을 쳐다보지 못하였다. 이밀은 물러나와 감탄하였다.

"진실로 영특한 군주로다."

李密降唐, 初見高祖色尚傲. 及見秦王, 不敢仰視.

退而歎曰:「眞英主也.」

(3) 십팔학사十八學士

고조는 진왕 이세민의 공이 높았으므로 특별히 천책상장天策上將이라는 벼슬을 만들었는데, 그 지위는 왕공王公의 위였으며 진왕 이세민을 이에 임명하였다. 진왕은 천책부天策府를 개설하여 속관을 두었고, 관館을 열어 문학의 선비를 초청하였다.

〈于志寧(仲謐)〉《三才圖會》

〈蘇一(世長)〉《三才圖會》

〈薛收(薛莊, 元敬, 伯褒)〉《三才圖會》

〈褚亮(希明)〉《三才圖會》

　　두여회杜如晦, 방현령房玄齡, 우세남虞世南, 저량褚亮, 요지렴姚志廉, 이현도
李玄道, 채윤공蔡允恭, 설원경薛元敬, 안상시顔相時, 소욱蘇勗, 우지녕于志寧,
소세장蘇世長, 설수薛收, 이수소李守素, 육덕명陸德明, 공영달孔穎達, 갑문달
蓋文達, 허경종許敬宗 등이었으며, 이들을 문학관文學舘의 학사學士로 삼아
이들을 셋으로 나누어 번갈아 숙직케 하였다. 그리고 진왕은 여가만
있으면 곧 학관에 가서 문적을 토론하였으며 혹 밤중에 찾아오기도
하였다. 그리고 염립본閻立本으로 하여금 이들 18명의 초상을 그리게
하고 저량褚亮으로 하여금 그 찬贊을 쓰게 하여 이들을 18학사學士라
불렀다.

〈개문달〉《三才圖會》 〈이현도(元最)〉《三才圖會》

〈채윤공(克讓)〉《三才圖會》 〈소욱(愼行)〉《三才圖會》

高祖, 以秦功高, 特置天策上將, 位在王公上, 以秦王爲之.
開府置屬, 開館以延文學之士. 杜如晦·房玄齡·虞世南·褚亮·
姚志廉·李玄道·蔡允恭·薛元敬·顔相時·蘇勖·于志寧·
蘇世長·薛收·李守素·陸德明·孔穎達·蓋文達·許敬宗, 爲文
學館學士, 分爲三番, 更日直宿. 王暇日輒至館中, 討論文籍.
或至夜分, 使閣立本圖像, 褚亮爲贊, 號十八學士.

〈허경종(延族)〉《三才圖會》

〈李守素〉《三才圖會》　　　〈陸元朗(德明)〉《三才圖會》

【蓋文達】‘蓋’은 ‘갑’으로 읽음.(音甘入聲. −원주)

【三番】순번에 따른 遞職(番遞)을 뜻함. 매번 6 명씩 하나의 遞가 되어 당직에 들어감.(每以六人爲一遞入直. −원주)

【贊】‘讚’과 같음. 아름다움을 칭찬함을 뜻함.(稱美曰贊. −원주)

(4) 두여회杜如晦 없이는 천하를 경영할 수 없습니다

사대부로서 이에 참여하여 뽑히는 사람을 당시 사람들은 등영주登瀛州라 하였다. 때때로 그 천책부의 속관 중에서 지방으로 보임하여 나가는 자가 많았는데 두여회杜如晦 역시 외임으로 가게 되었다. 그러자 방현령房玄齡이 말하였다.

〈두여회(克明)〉《三才圖會》

"나머지 다른 사람들이라면 아까울 것이 없으나 두여회는 왕을 보좌할 재능이 있습니다. 대왕께서 사방을 경영하고자 하시는 한 두여회가 아니면 불가할 것입니다."

이리하여 진왕은 고조에게 아뢰어 두여회를 머물게 하여 막하의 참모로 삼아 결재가 물 흐르듯이 되도록 하였다.

士大夫得預其選者, 時人謂之登瀛洲, 時府僚多補外, 如晦亦出.

玄齡曰:「餘人不足惜, 如晦王佐才. 大王欲經營四方, 非如晦, 不可.」

王卽奏留之, 使參謀帷幄. 剖決如流.

【登瀛洲】 신선이 되어 하늘로 오름을 뜻함.(謂如登仙也. —원주)

【補外】 외직 사관으로 보임함.(補外職事官. —원주)

● 漢나라 때 蕭何가 韓信을 高祖 劉邦에게 추천하듯이 당나라 때 房玄齡이 杜如晦를 추천한 것을 같은 예로 보아 鄭氏는 다음과 같이 평하고 있다.

鄭曰:「漢唐之世, 其人臣號爲有知人之明者, 莫若蕭何之識韓信, 房玄齡之識
杜如晦. 高帝之至南鄭, 而韓信亡去, 蕭何追之, 反曰:『諸將易得, 如信國士無雙.
大王必欲長王漢中, 無所事信; 欲爭天下, 非信無可與計事者.』高帝於是拜爲
大將. 太宗之在秦邸時, 府僚多補外官, 玄齡曰:『餘人不足惜, 如晦王佐才.
大王欲經營四方, 非如晦不可.』太宗於是奏爲府屬. 蓋非蕭何之言, 則高帝失
於韓信; 非玄齡之言, 則太宗失於如晦矣.」

(5) 방현령房玄齡

방현령이 매번 정사를 아
뢸 때마다 고조는 이렇게 말
하였다.

"방현령이 내 아들을 위해
이를 모책해 주는 것은 비록
천리를 격해 있지만 마치 서
로 마주앉아 일러주는 것과
같다."

진왕의 공은 천하를 덮어
도리어 신변에 위험이 있을

〈방현령(高年)〉《三才圖會》

뻔하기도 하였지만 방현령과 두여회의 모책이 결정적인 역할을 하였다.
이때에 이르러 즉위하자(627년) 우선 먼저 궁녀 3천여 명을 풀어 보냈다.

玄齡每人奏事, 高祖曰:「玄齡爲吾兒謀事, 雖隔千里, 如對面語.」
秦王功蓋天下, 身幾危, 賴玄齡如晦決策. 至是卽位, 首放宮
女三千餘人.

670 돌궐突厥과의 맹약

돌궐突厥의 힐리頡利와 돌리突利 두 칸可汗이 십여만 기騎의 군사를
합하여 쳐들어와 위수渭水의 편교便橋 북쪽까지 진입하였다.
태종은 몸소 방현령 등 여섯 기마로 지름길로 위수 가에 이르러
강을 사이에 두고 힐리와 담판을 하여 약속을 어긴 것을 꾸짖었다.
돌궐은 크게 놀라 모두 말에서 내려 열을 지어 태종에게 절하였다.
곧이어 당의 여러 군사들이 계속해서 도착하여 깃발과 갑옷이 들을
메우자 힐리는 두려워서 맹약을 청하고 퇴각하였다.

○ 突厥頡利突利二可汗, 合十餘萬騎入寇, 進至渭水便橋之北.
上自與房玄齡等六騎, 徑詣渭水上, 與頡利隔水語, 責以負約.
突厥大驚, 皆下馬羅拜. 俄而諸軍繼至, 旗甲蔽野, 頡利懼請盟
而退.

671 홍문관弘文館을 설치하다

홍문관弘文館을 설치하여
사부四部의 책 20여만 권을
모으고 천하의 문학 선비를
뽑았다. 그리고 우세남虞世南
등은 본직을 그대로 가진 채
홍문관 학사를 겸하였다.
　태종은 정사를 듣는 잠깐
의 틈이라도 그들을 내전內殿
으로 불러 옛 사람의 언행을
강론하기도 하고 정사를 상각

〈우세남(伯施)〉《三才圖會》

商榷하여 혹 밤중에 가서야 겨우 끝날 때도 있었다. 그리고 삼품三品
이상 고관들의 자손을 채용해서 홍문관의 학사로 충원하였다.

○ 置弘文館, 聚四部二十餘萬, 選天下文學之士. 虞世南等
以本官兼學士. 聽朝之隙, 引入內殿, 講論前言往行, 商榷政事,
或夜分乃罷. 取三品以上子孫, 充弘文館學士.

【四部】經, 史, 子, 集으로 책을 분류하여 보관하였음. 청나라 때의 〈四庫全書〉와
　같은 예임.
【榷】음은 '각.' 비교하여 정확하게 맞춤.

672 태종太宗의 선정

⑴ 짐은 지성으로 천하를 다스릴 것이다

어떤 사람이 글을 올려 아첨하는 신하를 물리칠 것을 청하여 이렇게 말하였다.

"원컨대 겉으로 화를 내어 시험해 보십시오. 고집스럽게 굴하지 않는 자가 곧은 신하입니다. 그러나 위엄을 두려워하여 임금의 뜻이라면 무조건 순종하는 자는 아첨하는 신하입니다."

임금이 말하였다.

"내 스스로 속임수를 쓰고 어찌 신하들에게 충직하라 할 수 있겠느냐? 짐은 지성으로 천하를 다스릴 것이다."

또 어떤 사람이 법을 무겁게 하여 도둑을 막기를 청하였다. 태종은 이렇게 말하였다.

"당연히 사치를 막아 경비를 절약하고, 부역을 가볍게 하며, 청렴한 관리를 골라 써서 백성들로 하여금 의식에 여유가 있도록 하면 저절로 도둑질 따위는 없어질 텐데 어찌 법을 무겁게 하는 것으로 하겠는가?"

이로부터 몇 해 후에는 길에 떨어진 물건이 있어도 이를 줍는 사람이 없어졌고, 상인이나 여행객이 들에서 자도 안심할 정도가 되었다.

태종은 일찍이 이런 말을 하였다.

"임금은 나라에 의지하고 나라는 백성에 의지하는 것이다. 백성을 각박하게 하여 임금을 모시는 것은 마치 자기의 살을 베어 자기의 배를 채우는 것과 같다. 배는 부를지언정 몸은 죽어 가는 것이니 임금이 부유해지면서 나라는 망하는 것이다."

○ 有上書請去佞臣者, 曰:「願陽怒以試之. 執不屈者直臣也. 畏威順旨者佞臣也.」

上曰:「吾自爲詐, 何以責臣下之直乎? 朕方以至誠治天下.」

或請重法禁盜.

上曰:「當去奢省費, 輕徭薄賦. 選用廉吏, 使民衣食有餘, 自不爲盜, 安用重法邪?」

自是數年之後, 路不拾遺, 商旅野宿焉.

上嘗曰:「君依於國, 國依於民. 刻民以奉君, 猶割肉以充腹. 腹飽而身斃, 君富而國亡矣.」

⑵ 몸을 째고 구슬을 감춘다니

또 일찍이 자신을 모시는 신하에게 이렇게 물었다.

"서역西域의 호인胡人 상인은 좋은 구슬을 얻으면 자신의 몸을 째고 이를 감춘다고 하던데 그런 일이 있을까?"

신하가 말하였다.

"있습니다."

태종이 말하였다.

"관리가 뇌물을 받고 법에 걸리는 것과 제왕이 사치와 욕망에 빠져 나라를 망치는 일이 어찌 호인 상인의 가소로운 일과 다름이 있으랴?"

위징魏徵이 말하였다.

"옛날 노魯 애공哀公이 공자孔子에게 '망각증이 심한 어떤 사람은 이사를 가면서 그 아내를 잊고 갔다고 합니다' 하자, 공자가 '그보다 훨씬 더 심한 사람이 있으니 저 걸주桀紂 같은 이는 자기 자신조차도 잊고 있었습니다'라 하였으니 역시 이와 같은 것이겠지요."

又嘗謂侍臣曰:「聞西域賈胡, 得美珠剖身而藏之, 有諸?」

曰:「有之.」

曰:「吏賕抵法, 與帝王徇奢欲而亡國者, 何以異此胡之可笑邪?」

魏徵曰:「昔魯哀公謂孔子曰:『人有好忘者, 徙宅而忘其妻.』

孔子曰:『又有甚者, 桀紂乃忘其身.』亦猶是也.」

【賈】'고'로 읽음. 당시의 胡商. 서역의 상인.

【有諸】'그러한 일이 과연 있는지 알 수 없다'는 뜻.(不知果有此事否. −원주)

【賕】'贓'의 뜻.

673 장온고張蘊古의 〈대보잠大寶箴〉

장온고張蘊古가 〈대보잠大寶箴〉을 올려 그 글에 이렇게 말하였다.

"한 사람이 천하를 다스린다는 것으로 천하가 그 한 사람을 받들도록 해서는 안 됩니다."

그리고 또 이렇게 말했다.

"안으로 구중九重의 장엄함이 있다 해도 그 삶은 그저 무릎을 용납하는 정도를 넘어서지 않거늘 저 어리석고 무지한 자는 그 누대樓臺를 구슬로 짓고 그 방을 구슬로 장식하였으며, 팔진미八珍味가 앞에 차려져 있다 해도 먹는 것은 그저 입에 맞는 것 약간일 뿐이거늘, 오직 미치광이처럼 생각이 없는 이는 술지게미로 언덕을 쌓고 술로 못을 만들었습니다."

다시 이렇게 말했다.

"깊이 빠져 어둡게 되지 말 것이며 너무 세밀히 살펴 지나치게 밝지도 말아야 합니다. 비록 면류冕旒가 눈을 가리고 있지만 형체 없는 것조차 보아야 하며, 주광黈纊이 귀를 막고 있지만 소리 없는 소리도 들을 수 있어야 합니다."

태종은 그 말을 아름답게 여겼다.

○ 張蘊古獻大寶箴, 有曰:「以一人治天下, 不以天下奉一人.」

又曰:「壯九重於內, 所居不過容膝, 彼昏不知, 瑤其臺而璃其室; 羅八珍於前, 所食不過適口, 惟狂罔念, 丘其糟而池其酒.」

又曰:「勿沒沒而闇, 勿察察而明, 雖冕旒蔽目, 而視於無形; 雖黈纊塞耳, 而聽於無聲.」

上嘉其言.

【大寶箴】성인의 지위를 '大寶'라 하며 성인의 지위에 있는 자가 경계해야 할 일을 밝힌 것. 잠은 경계로 삼아야 할 말을 뜻함.(聖人之位曰大寶. 箴, 戒辭也. ─원주)

【八珍】《周禮》膳夫에 "珍用八物, 謂淳熬, 淳母, 炮豚, 炮牂, 擣珍, 漬熬, 肝膋也"라 함.

【冕旒】임금의 면류관. 천자가 쓰는 모자를 뜻하며 남이 천자의 얼굴 표정을 쉽게 알아볼 수 없도록 함. "冕은 12개의 旒가 있으며 天子의 복식이다. 漢나라 제도에 '冕은 길이가 6치이며 너비가 8치로 앞은 둥글고 뒤는 모나며 그에 매다는 旒는 모두가 五采의 絲繩으로 五采의 옥을 꿰어 매 旒마다 각 12개씩 하여 면의 앞과 뒤에 늘어뜨린다.'라 하였다."(冕十有二旒. 天子之服也. 漢制度云: 冕長尺六寸, 廣八寸, 前圓後方. 其旒皆以五采絲繩, 貫五采玉. 每旒各十二, 垂於冕前後. ─원주)

【黈纊】천자의 귀막이. 남의 말을 쉽게 듣지 못하도록 한다는 뜻. 원주에는 黈를 '유'(愉)로 읽도록 되어 있음. "黈은 음이 유(愉)의 上聲이다. 黈은 黃色이며, 纊은 솜이다. 누런 솜을 둥글게 하여 면류관에 매달아 늘어뜨리되 두 귀의 옆에 닿도록 하여 밖의 말을 듣지 않도록 함을 표시한다."(黈音愉上聲. 黈黃色, 纊綿也. 以黃綿爲圓, 用組垂之於冕, 當兩耳旁. 示不外聽也. ─원주)

674 천하를 십도十道로 나누다

천하를 10도道로 나누었는데 산천의 지세와 편리를 따른 것이다. 관내關內, 하남河南, 하북河北, 산남山南, 농우隴右, 회남淮南, 강남江南, 검남劍南, 영남嶺南이었다.

○ 分天下爲十道, 因山川形便. 曰關內·河南·河東·河北· 山南·隴右·淮南·江南·劍南·嶺南.

675 하주夏州를 두다

장수를 보내어 양사도梁師都를 토벌하자 양사도의 부하가 그를 죽여
항복해 왔다. 그 땅을 하주夏州로 삼았다.

○ 遣將討梁師都, 其下殺之以降, 以其地爲夏州.

❋ 원주의 기록은 다음과 같다.
이상 梁의 梁師都는 隋나라 恭帝 義寧(617년) 원년에 참칭한 이래 이때에
이르러 12년 만에 망한 것이다.(右梁梁師都, 自隋恭帝義寧元年僭號, 至是凡
十二年而亡.)
【夏州】甘肅, 즉 朔方에 속한다.《世紀》에 의하면 이 구절은 마땅히 貞觀 2년에
해당한다.(案世紀: 此一節, 當在貞觀二年. -원주)

676 아악雅樂

태상太常 조효손祖孝孫이 당唐의 아악雅樂을 바쳤다.

○ 太常祖孝孫, 奏唐雅樂.

【祖孝孫】祖는 성이며 孝孫은 이름이다.《通鑑》에 의하면 이 구절은 2년에 해당
한다.(案通鑑: 此一節當在二年. —원주)

677 궁녀를 풀어주다

정관 2년(628년), 다시 궁녀 3천 명을 되돌려 보냈다.

○ 貞觀二年, 又出宮女三千餘人.

678 양신良臣과 충신忠臣

관례에 따라 군사軍事와 대사는 중서성中書省 사인舍人이 각기 자신의 의견에 따라 그 이름을 서명하도록 하였으며 이를 오화판사五花判事라 하였다. 그리고 중서시랑中書侍郎과 중서령中書令이 이를 심사하고, 급사중給事中과 황문시랑黃門侍郎이 논박하여 정정하도록 하였다.

태종이 왕규王珪에게 말하였다.

"국가에서 본래 중서성中書省과 문하성門下省을 두어 서로 검토하고 감찰하는 것이니 경들은 뇌동雷同하는 일이 없도록 하시오."

당시 왕규는 시중侍中이었고 방현령房玄齡, 두여회杜如晦는 복야僕射였으며, 위징魏徵은 비서감秘書監이 되어 정치에 참여하고 있었다.

방현령은 이를 모책할 때면 반드시 이렇게 말하였다.

"두여회 없이는 결정할 수 없다."

그리하여 두여회가 오면 마침내 방현령의 계책을 채용하게 되었다.

대체로 방현령이 계획을 좋은 계책을 세우면 두여회가 결단을 잘 내렸으며 이 두 사람이 동심으로 나라를 위해 몸을 바쳤던 것이다. 그러므로 당나라 시대의 어진 재상을 칭할 때면 방현령과 두여회를 들게 되는 것이다.

위징이 일찍이 임금에게 이렇게 아뢰었다.

"원컨대 저를 양신이 되도록 하시기를 바랍니다. 충신이 되도록 하지는 말아주십시오."

임금이 물었다.

"충신과 양신은 다릅니까?"

위징이 말하였다.

"후직稷과 설契, 고요皐陶는 임금과 신하가 마음을 합하여 함께 존귀와 영광을 누렸습니다. 이들이 소위 양신입니다. 관룡봉關龍逢과 비간比干은 임금의 면전에서 임금의 잘못을 꺾고 조정에서 간쟁을 하여 그 몸도 주살당하고 나라도 망하였습니다. 이들이 소위 충신입니다."

임금은 기뻐하였다.

○ 故事, 軍國大事中書舍人, 各執所見, 雜署其名, 謂之五花判事. 中書侍郎, 中書令省審之, 給事中, 黃門侍郎, 駁正之.

上謂王珪曰:「國家本置中書門下以相檢察, 卿曹勿雷同也.」

時珪爲時中, 房玄齡·杜如晦爲僕射, 魏徵守祕書監, 參預朝政玄齡謀事, 必曰:「非如晦不能快.」

及如晦至, 卒用玄齡策. 蓋玄齡善謀, 如晦善斷, 二人同心徇國. 故唐世稱賢相推房杜焉.

徵嘗告上曰:「願使臣爲良臣, 勿使臣爲忠臣.」

上曰:「忠良異乎?」

徵曰:「稷契皋陶, 君臣恊心, 俱享尊榮, 所謂良臣. 龍逢比干, 面折廷爭, 身誅國亡, 所謂忠臣.」

上悅.

【駁】음은 박(剝)이다.
【中書, 門下】中書省과 門下省.
【爭】'諍'과 같음.

679 돌궐突厥을 정벌하다

처음 돌궐突厥이 이미 강해지자 측륵勅勒의 여러 부족은 분산되어 설연타薛延陀, 회흘回紇 등 열다섯 부족은 모두가 적북磧北에 살게 되었다.

그러다가 힐리칸頡利可汗의 정치가 어지러워지자 설연타, 회흘 등이 반란을 일으켰고 게다가 돌궐의 백성들은 큰 기근을 만나 양과 말이 많이 죽었다.

사신으로 갔다가 돌아온 자와 변방을 지키던 장수들은 모두 돌궐은 가히 취할 수 있는 상황이라고 말하였다.

황제는 조서를 내려 이정李靖을 정양도행군총관定襄道行軍摠管으로 삼아 군사를 총괄, 돌궐을 토벌토록 하였다.

이정은 음산陰山에서 돌궐을 급습하여 깨뜨렸다. 힐리칸이 도망쳐 숨자 당나라 장수가 그를 사로잡아 황제에게 바쳤다.

당시 돌리칸은 이에 앞서 이미 귀순해서 입조해 있었다.

황제는 항복한 많은 돌궐 무리를, 동쪽 유주幽州로부터 서쪽 영주靈州에 이르는 돌리칸의 땅을 4주州로 나누고 힐리칸의 땅을 6주로 나누어 처하게 하였다. 그리고 왼쪽에는 정양도독定襄道督을 두고 오른쪽에는 운중도독雲中道督을 두어 그들을 통솔하게 하면서, 돌리칸은 순주도독順州都督으로, 힐리칸은 우위대장군右衛大將軍으로 삼았다.

○ 初突厥旣强, 勅勒諸部分散, 有薛延陀·回紇等十五部, 皆居磧北. 頡利政亂, 薛廷(延)陀回紇等叛之, 加以民大飢, 羊馬多死. 奉使者還, 及邊帥, 皆言突厥可取之狀. 詔以李靖爲定襄道行軍總管, 總諸軍討之. 靖襲破突厥於陰山, 頡利可汗遁走, 唐將擒之以獻. 時突利可汗先已入朝. 上處突厥降衆, 東自幽州, 西至靈州, 分突利地爲四州, 分頡利地爲六州, 左置定襄都督, 右置雲中都督, 以統其衆, 以突利爲順州都督, 頡利爲右衛大將軍.

【敕勒】부족 이름으로 그 선대는 匈奴였으며 薛延陀, 回紇 이하 15부를 모두 묶어 敕勒이라 한다.(其先匈奴, 薛延陀, 回紇以下十五部, 總謂敕勒. −원주) '측륵'으로 읽어야 함.

【陰山】開平의 북쪽에 있으며 東西 천여 리로 초목이 무성하며 금수가 많다. 匈奴가 이에 의지하여 살았다. 漢 武帝가 흉노를 쳐서 陰山縣을 두었으며, 東漢에는 이를 五原에 편입시켜 다스렸고, 唐나라 天寶 元年(742년)에 다시 陰山縣을 설치하였다.(在開平北, 東西千餘里, 草木茂盛, 多禽獸, 匈奴依阻其中. 漢武克匈奴, 置陰山縣. 東漢省入五原. 唐天寶元年, 復陰山縣. −원주)

【靈州】甘肅에 속하며 지금의 朔慶軍이다.

【順州】北平에 속한다.

✹ 《通鑑》에 의하면 이 구절 이하의 일은 모두 貞觀 4년(630년)에 넣어야 한다라 하였다.(案通鑑: 此一節以下事實, 竝在貞觀四年. −원주)

✹ 당나라의 이민족에 대한 개방정책을 두고 范氏는 다음과 같이 평하였다. 范曰:「先王之制, 戎狄荒服, 夷不亂華, 所以辨族類別內外焉. 孔子美齊桓之功曰:『微管仲, 吾其被髮左衽矣.』聖人懲戎狄如此. 太宗旣滅突厥, 而引諸戎雜中國, 使殊俗醜類與公卿太夫, 雜處於朝廷, 苟欲冠帶四夷, 以夸示天下, 而不知亂華亦甚矣. 然則中國幾何不胥而爲夷也? 是以唐世有戎狄之亂, 豈非太宗之所啓乎?」

680 임읍林邑

임읍林邑이 사신을 보내어 조공하였다.

○ 林邑遣使入貢.

681 이오伊吾

이오伊吾가 항복해오자 그곳에 이서주伊西州를 두었다.

○ 伊吾來降, 置伊西州.

【伊吾】交河郡에 있던 작은 나라.

682 고창왕高昌王

고창왕高昌王 국문태麴文泰가 입조하였다.

○ 高昌王麴文泰入朝.

【高昌】 西域에 있는 나라 이름.

683 천칸天可汗이 되어주십시오

이에 앞서 사이四夷의 군장君長들이 대궐 앞에 와서 황제가 천칸天可汗이 되어줄 것을 청하자 황제는 이렇게 말하였다.

"나는 대당大唐의 천자인데 그 아래 칸의 일까지 수행할 수 있겠는가?"

이에 신하들과 사이가 모두 만세를 불렀다. 이로부터 후에는 서북의 군장에게 내리는 문서에 모두 천칸天可汗이라는 옥새를 찍어 칭하였다.

○ 先是四夷君長詣闕, 請帝爲天可汗, 上曰:「我爲大唐天子, 又下行可汗事乎?」

羣臣及四夷, 皆稱萬歲. 自是後璽書賜西北君長, 皆稱天可汗.

【可汗】 칸(Khan)의 음사. 중앙아시아로부터 한반도에 이르기까지 '최고통치자', '크다', '하늘', '넓다', '하나' 등의 뜻을 함께 가지고 있는 말. 징기스칸, 쿠빌라이 칸, 힐리칸, 三韓, 居西干, 麻立干 등과 현재의 한국 국명 한(韓)도 같은 계열의 뜻을 가진 말이다.

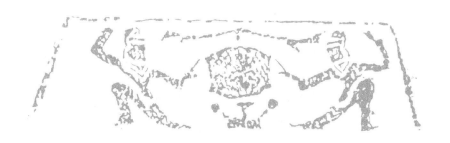

684 두여회杜如晦가 죽다

정관 4년(630년), 채공蔡公 두여회가 죽었다. 황제는 두여회를 언급하기만
하면 반드시 눈물을 흘렸다.

○ 貞觀四年, 蔡公如晦卒. 上語及必流涕.

【蔡公】杜如晦는 蔡國에 봉해졌으며 작위는 公爵이었다.

685 위징魏徵의 충언

이 해(630년) 크게 풍년이 들었다.

황제가 처음 즉위하였을 때 항상 신하들과의 대화에서 교화의 문제에 미치면 황제는 이렇게 말하였다.

"큰 난리의 뒤에는 다스리기가 어렵소?"

위징魏徵이 대답하였다.

"주린 자는 무엇이든지 먹을 수 있고 목마른 자는 무엇을 주어도 쉽게 마십니다."

그러자 봉덕이封德彛가 말하였다.

"삼대 이래 사람들이 점차 각박하고 거짓이 있어 왔습니다. 그 때문에 진秦나라는 이를 법률에 맡겼고, 한漢나라는 패도霸道를 섞어 쓴 것입니다. 대체로 교화하고자 하였으나 불가능하였던 것입니다. 할 수 없었던 것이지 어찌 하고자 하지 않은 것이겠습니까?"

위징이 말하였다.

"오제와 삼왕은 바꾸지 않고도 교화되었습니다. 탕왕湯王과 무왕武王은 모두 대란의 뒤를 이어받아 몸소 태평을 이룬 것입니다. 황제의 도를 행하면 황제가 되는 것이요, 왕도를 행하면 왕이 되는 것입니다. 생각건대 어떤 것을 행하느냐 하는 것일 뿐입니다."

황제는 위징의 말을 따랐다.

원년에 관중關中에 기근이 들어 쌀 한 말이 비단 한 필과 맞먹을 정도였다. 2년에는 천하에 황재蝗災가 있었고, 3년에는 큰 홍수가 있었다. 황제는 힘써 이들을 위무하여 일찍이 한탄이나 원망이 없었다.

이에 이르러 천하에 크게 풍년이 들어 쌀 한 말이 3, 4전錢이었으며 그 해가 끝나도록 사형에 처해진 자는 겨우 19명뿐이었다.

이리하여 동쪽 해안으로부터 남쪽 오령五嶺에 이르도록 모두가 문을 닫지 않고도 살 수 있었으며, 여행자는 양식을 가지고 다니지 않아도 길에서 구하여 먹을 수 있었다. 황제가 말하였다.

"전에 위징이 나에게 인의를 행할 것을 권하였는데 지금 이미 효험이 보이는구나. 안타깝게도 봉덕이封德彝로 하여금 이를 보여주지 못하는구나."

봉덕이는 원년 6월에 이미 죽었던 것이다.

○ 是歲大有秊. 上之初卽位也, 常與羣臣語及敎化, 曰:「大亂之後, 其難治乎?」

魏徵對曰:「饑者易爲食, 渴者易爲飮.」

封德彝曰:「三代以還, 人漸澆訛. 故秦任法律, 漢雜霸道, 蓋欲化不能, 豈能之而不欲邪?」

徵曰:「五帝三王, 不易民而化; 湯武皆乘大亂之後, 身致太平. 行帝道而帝, 行王道而王, 顧所行何如耳.」

上卒從徵言.

元年關中饑, 斗米直絹一匹, 二年天下蝗, 三年大水. 上勤而撫之, 未嘗嗟怨. 至是天下大稔, 米斗三四錢, 終歲斷死刑, 纔十九人. 東至于海, 南及五嶺, 皆外戶不閉, 行旅不齎糧, 取給於道路焉.

上曰:「魏徵勸我行仁義, 今旣效矣. 惜不令封德彝見之.」

蓋德彝元年六月死矣.

【大有秊】곡식이 잘 익는 것을 '임'(稔)이라 한다.(稔曰大有. ─원주) '秊'은 '年'과 같음.

【澆】'얇다'의 뜻.(薄也. ─원주)

【十九人】《通鑑》에는 '二十九人'으로 되어 있다.

686 임읍林邑과 신라新羅

정관 5년(631년)에 임읍
林邑과 신라新羅가 조공하여
왔다.

○ 五年, 林邑·新羅
入貢.

〈위징(玄成)〉《三才圖會》

【入貢】《通鑑》에 "林邑이 오색의 앵무를 바쳐왔고, 新羅가 미녀 셋을 바쳐오자
魏徵이 받을 수 없다고 여겼다. 임금은 기뻐하며 사자에게 이들을 되돌려 보내도록
하였다"라 하였다.(通鑑: 林邑獻五色鸚武, 新羅美女三人, 魏徵以爲不宜受, 上喜,
各付使者歸之. -원주)

687 당항党項

당항党項이 귀순歸順해 오자 그 땅을 개척하여 16주州로 만들었다.

○ 党項內附, 開其地爲十六州.

【党項】西羌의 별종.

688 칠덕무七德舞와 구공무九功舞

정관 7년(633년) 봄, 현무문玄武門에서 잔치를 열어 칠덕무七德舞와 구공무九功舞를 연주토록 하였다.

위징은 황제가 무武를 그만두고 문文을 닦는 기풍을 일으키기를 바랐다. 그리하여 연회에 모실 때마다 칠덕무를 볼 때면 문득 머리를 숙여 춤을 보지 않았다. 칠덕무란 춤은 태종이 진왕으로 있을 때 진陣을 격파한 일을 작곡한 것이다. 그러나 구공무를 볼 때면 이를 관람하였다.

왕규王珪가 파면되고 위징이 시중侍中이 되었다.

○ 七年, 春, 宴玄武門, 奏七德九功舞. 徵欲上偃武修文. 每侍宴, 見七德舞, 輒俛首不視.

七德舞者, 秦王破陣曲也. 見九功舞則諦, 觀之.

王珪罷, 徵爲侍中.

【七德】《通鑑》注에 太宗이 秦王 때에 劉武周를 격파하자 軍中에서 서로 '秦王破陣樂曲'을 지었다. 그가 즉위하자 宴會 때마다 반드시 이를 연주하였다. 128명이 銀甲을 두르고 창을 잡고 춤을 추는 것으로 모두 3막(三變)이었는데, 매 變마다 四陣으로 치고 찌르며 왕래하는 것을 상징하였다. 뒤에 이 춤을 '七德舞'라 바꾸었다. 七德이란 대체로 禁暴, 戢兵, 保大, 定功, 安民, 和衆, 豊財의 뜻을 취한 것이다.(通鑑注: 太宗爲秦王時, 破劉武周, 軍中相與作'秦王破陣樂曲'. 及卽位, 宴會必奏之, 以百二十八人, 被銀甲, 執戟而舞. 凡三變, 每變爲四陣, 象擊刺往來, 後更名'七德舞'. '七德'者, 蓋取禁暴, 戢兵, 保大, 定功, 安民, 和衆, 豊財之義也. -원주)

【九功】《通鑑》注에 '唐功成慶善樂'이란 음악은 아동 64명을 進德冠이란 모자를 쓰고 紫袴褶이란 복장을 하되 긴 소매에 검은 머리묶음이 신발까지 내려오도록 하여 추는 춤이다. 뒤에 이름을 '九功舞'라 바꾸었다. 九功이란 대체로 서경의

'九功惟敍'의 뜻을 취한 것이다.(通鑑注: '唐功成慶善樂', 以兒童六十四人, 冠進
德冠, 紫袴褶, 長袖, 漆髻屝履而舞, 後更號九功舞'. 九功者, 蓋取書九功惟敍之義也.
-원주)

〈秦王破陣樂舞(七德舞)〉

689 약속을 지킨 사형수들

황제는 친히 죄수를 심문하다가 응당 사형에 처할 자라도 이를 불쌍히 여겼다. 이리하여 이들을 풀어주어 집으로 돌려보내면서 이듬해 가을에 다시 와 사형을 받도록 하였다. 그리고 천하의 사형 죄수를 모두 석방하여 돌려보내면서 그 기약된 때에 경사로 오도록 칙령을 내렸다.

이때에 이르러 모두가 정해진 기한 내에 스스로 조당朝堂에 나타나자 황제는 그들을 모두 사면해주었는데 무릇 390명이었다.

○ 上親錄囚徒, 見應死者閔之. 縱使歸家, 期以來秋就死. 仍勅天下死囚皆縱遣, 至期來詣京師.

至是皆如期, 自詣朝堂, 上皆赦之, 凡三百九十人.

690 남만南蠻과 북적北狄이 한집안이 되다

황제가 아버지 상황上皇을 모셔 미앙궁未央宮에서 잔치를 베풀었다.
그 때 상황은 돌궐의 힐리칸頡利可汗에게 춤을 추도록 명하고, 남만南蠻
추장 아들 풍지대馮智戴에게는 시를 읊도록 하였다.

그리고 이렇게 말하였다.

"북쪽 돌궐과 남만이 한 집안처럼 지내기는 옛날에는 없었던 일이다."

○ 上奉太上皇置酒未央宮.

上皇命頡利可汗起舞, 馮智戴詠詩, 笑曰:「胡越一家, 古未有也」

【未央宮】安西에 있는 궁궐로 옛날 漢 高祖가 지었던 궁이다.

【馮智戴】南蠻의 酋長이다.

【胡越】胡는 頡利를, 越은 智戴를 가리킨다.

691 토번吐蕃

8년(634년), 토번吐蕃이 사신을 보내어 공물을 바쳤다.

○ 八年, 吐蕃遣使入貢.

【吐蕃】西羌의 別種이다. 지금의 티베트를 가리킴.

692 태상황太上皇이 죽다

9년(635년), 태상황太祖, 李淵이 죽었다. 상황은 즉위한 지 9년에 선위하였는데, 이때에 이르러 다시 9년 만에 죽은 것이다.

○ 九年, 太上皇崩. 上皇卽位九年而禪位, 至是又九年.

693 토욕혼吐谷渾

토욕혼吐谷渾이 이에 앞서 서쪽 양주涼州를 침범하여 이정李靖으로 하여금 여러 군사를 이끌고 토벌토록 하여 격파하였었다.

○ 吐谷渾, 先是入寇涼州, 以李靖帥諸軍討破之.

694 토욕혼吐谷渾이 아들을 인질로 보내오다

10년(636년), 토욕혼吐谷渾이 아들을 인질로 보내어 천자를 모시게
하였다.

○ 十年, 吐谷渾遣子入侍.

695 황금보다는 사람을 추천하시오

치서시어사治書侍御史 권만기權萬紀가 말하였다.
"선주宣州와 요주饒州에서는 은이 많이 납니다. 이를 채굴하면 해마다 수백만을 얻을 수 있습니다."
그러자 황제는 이렇게 말하였다.
"경은 지금까지 한 번도 어진 사람 하나 추천한 적이 없으면서 오로지 은의 이익만을 말하는구려. 옛날 요순堯舜은 벽璧은 산에 버리고 구슬은 계곡에 던져버렸는데, 한漢의 환제桓帝와 영제靈帝는 돈을 모아 사사로이 저장하였소. 경은 나를 환제나 영제 같은 군주가 되게 하려 하오?"
황제는 그를 폐출해버렸다.

○ 治書侍御史權萬紀言:「宣饒銀大發, 采之, 歲可得數百萬.」
上曰:「卿未嘗進一賢才, 而專言銀利. 昔堯舜, 抵璧於山, 投珠於谷; 漢之桓靈, 乃聚錢爲私藏. 卿欲以桓靈俟我耶?」
黜之.

【宣】 州 이름으로 江東에 속함.
【饒】 역시 州 이름으로 江西에 속함.

696 부병府兵제도를 정하다

부병府兵제도를 정하였다. 전국 10도道에 634의 부府를 두었는데 그 중 관내도關內道에는 261부를 두어 모두 여러 위군衛軍 및 동궁육솔東宮六率에 예속시켰다. 상부上府에는 1,200명, 중부中府에는 1,000명, 하부下府에는 800명을 두었다. 300명을 한 단團으로 하여 단의 우두머리를 교위校尉라 하였다. 50명을 한 대隊로 하고 대의 우두머리를 정正이라 하였다. 10명을 한 화火라 하고 화의 우두머리를 장長이라 하였다. 이들에게는 매 병사마다 무기, 갑옷, 군량 등이 각각 일정한 양이 있어 이를 창고에 넣어두었다가 출전할 때는 이를 공급토록 하였다. 남자는 20살에 병력에 복무하여 60살이면 면제되었다. 그리고 말타기 활쏘기를 잘하는 사람을 월기越騎로 하고 그 밖의 사람은 보병으로 삼았다.

통군별장統軍別將을 절충과의도위折衝果毅都尉하여 해마다 세말에 각 절충도위가 인솔하여 전술을 가르쳤다. 말을 공급해 주어야 하는 자에게는 관에서 그 값을 주고 숙위宿衛할 자는 순번에 따라 병부兵部로 올려 보내되 거리의 원근에 따라 차례를 정하였으며, 먼 곳은 횟수를 적게 하고 가까운 자는 잦게 하여 모두 한 달이면 교체시켰다.

○ 定府兵, 凡十道, 置府六百三十四, 而關內二百六十一, 皆隷諸衛及東宮六率. 上府兵, 凡千二百人, 中府千人, 下府八百人. 三百人, 爲團, 團有校尉. 五十人爲隊, 隊有正. 十人爲火, 火有長, 每人兵甲糧裝各有數, 輸之庫, 征行給之, 二十爲兵, 六十而免. 能騎射者爲越騎, 其餘爲步兵.

更命統軍別將, 爲折衝果毅都尉, 每歲季, 各折衝都尉, 帥以教戰. 當給馬者, 官與直; 當宿衛者, 番上兵部, 以遠近給番, 遠疎近數, 皆一月以更.

【諸衛】 左右의 羽林, 左右의 龍武, 左右의 神武尉로 나누었음.

【折衝果毅】《通鑑》에 의하면 命統軍을 折衝都尉로 바꾸고, 別將을 果毅都尉로 고쳤다.(通鑑: 更命統軍爲折衝都尉, 別將爲果毅都尉. ─원주)

【歲季】 12월을 가리킴.

【與直】 관에서 값을 주고 말을 스스로 사도록 함.(官與價直, 令自買馬. ─원주)

【番上】 순번에 따라 숙위함.(更番宿衛. ─원주)

【給番】 원근에 따라 그 순번의 제도를 달리 정함.(隨遠近以定番上之制. ─원주)

697 끝을 잘 맺으십시오

13년(639년) 여름, 가뭄이 들었다. 오품五品 이상에게 자신이 맡은 일에 대하여 의견을 올리도록 하였다. 위징이 말하였다.

"폐하께서는, 정관 초에 비하여 점점 끝을 잘 맺지 못하는 것이 열 가지가 있습니다."

태종은 깊이 장려하며 감탄하였다.

○ 十三年, 夏, 旱. 詔五品以上言事. 魏徵言: 「陛下比貞觀初, 漸不克終者十條.」 上深獎歎.

【十條】 "大略: 一言遣使徵求. 二言奢肆思用人力. 三言縱欲勞人. 四言昵小人, 疎君子. 五言貴異物作無益. 六言不輕與賢, 而易棄人. 七言田獵馳騁. 八言外官泰事, 顔色不接. 九言長傲縱欲, 無事興兵. 十言關中之民徭役勞弊"(원주)이라 하였으며, 이상은 모두 貞觀 초와 같지 않음을 말한 것임.

698 문치와 학문 부흥

(1) 국자감國子監

14년(640년), 황제가 국자감國子監에 이르러 석전제釋奠祭를 올렸다.

이때에 널리 천하의 명유名儒를 불러 학관學官으로 삼아 자주 국자감에 행차하여 그들로 하여금 강론하게 하였다. 학생으로서 능히 한 가지 이상의 경서經書에 통한 자는 모두 관직에 보임시켰다.

〈孔穎達(仲達)〉《三才圖會》

학사學舍를 1,200 칸을 증축하고 학생도 3,260명으로 늘렸다. 둔영屯營과 비기飛騎 등으로부터 다른 곳에도 박사를 두어 경서를 강의토록 하여 경서에 통한 자가 있으면 공거貢擧에 응하도록 허락하였다. 이에 사방의 학자들이 모두 서울로 운집하였다.

○ 十四年, 上詣國子監, 親釋奠. 是時大徵天下明儒爲學官, 數行國子監, 使之講論. 學生能明一經已上者, 皆得補官. 增築學舍千二百閒, 增學生滿三千二百六十員. 自屯營飛騎, 亦給博士授經. 有能通經者, 聽得貢擧. 於是四方學者, 雲集京師.

【國子監】太學을 가리킴.

⑵ 고구려, 백제, 신라 등의 유학생과《오경정의五經正義》

　그리하여 고구려高句麗, 백제百濟, 신라新羅, 고창高昌, 토번吐蕃의 여러
추장酋長들까지도 역시 자제를 보내어 국자감에 입학시켜 주기를 청하
였다. 이리하여 강의에 올라 참석한 자가 8천여 명에 이르렀다. 그러나
임금은 사설師說에 파벌이 너무 많고 장구章句가 번잡하다고 여겨 공영달
孔穎達에게 명하여 여러 유학자들과 오경五經의 주소를 달도록 하고
이를 '정의正義'라 하였다.

　乃至高麗・百濟・新羅・高昌・吐蕃諸酋長, 亦遣子弟請入
國學. 升講筵者, 至八千餘人. 上以師說多門, 章句繁雜, 命孔穎達,
與諸儒定五經疏, 謂之正義.

【五經正義】孔穎達이 당시까지의 五經(易, 詩, 書, 禮記, 春秋)에 대하여 주석을
내려 경학의 표준으로 삼음. 오늘날의 〈十三經注疏〉의 토대가 됨.

〈外賓圖〉 1971 陝西 乾縣 章懷太子墓 출토

699 고창高昌을 멸하다

고창왕高昌王 국문태麴文泰가 이에 앞서 서역에서 조공 오는 길을 막고 중국인을 억류하자 후군집侯君集을 교하대총관交河大總官으로 삼아 군사를 이끌고 이를 치게 하였었다. 이때에 이르러 고창을 멸망시키고 그 땅을 서주西州로 삼았다.

○ 高昌王麴文泰, 先是多遏絕西域朝貢, 及拘留中國人. 以侯君集, 爲交河大總管, 將兵擊之. 至是滅高昌以其地爲西州.

【交河】高昌이 도읍으로 정했던 곳.

700 토번吐蕃에게 문성공주文成公主를 시집보내다

15년(641년), 토번이 혼인을 청해와 문성공주文成公主를 시집보냈다.

○ 十五年, 吐蕃求婚, 以文成公主嫁之.

701 거울 하나를 잃었다

17년(643년), 정공鄭公 위징魏徵이 죽었다. 태종太宗은 이렇게 말하였다.
"구리로 거울을 만들면 이로써 의관을 바로잡을 수 있고, 옛 일을
거울삼으면 흥체興替를 알 수 있으며, 사람을 거울로 삼으면 득실을
알 수 있다. 위징이 죽으니 나는 거울 하나를 잃었다."
위징의 장례에 친히 비를 만들어 돌에 글을 새겼다.

○ 十七年, 鄭公魏徵卒.
上曰:「以銅爲鏡, 可正衣冠; 以古爲鏡, 可見興替; 以人爲鏡,
可知得失. 徵沒朕亡一鏡矣.」
徵葬, 上自製碑書石.

【鄭公】 魏徵은 鄭國에 봉해졌었으며 작위는 公爵이었음.

702 능연각凌煙閣의 초상화

공신 장손무기長孫無忌, 조군왕趙郡王 효공孝恭, 두여회杜如晦, 위징魏徵, 방현령房玄齡, 고사렴高士廉, 울지경덕尉遲敬德, 이정李靖, 소우蕭瑀, 단지현段志玄, 유홍기劉弘基, 굴돌통屈突通, 은개산殷開山, 시소柴紹, 장손순덕長孫順德, 장량張亮, 후군집侯君集, 장공근張公謹, 정지절

〈長孫無忌(輔機)〉《三才圖會》

程知節, 우세남虞世南, 유정회劉政會, 당검唐儉, 이적李勣, 진숙보秦叔寶 등의 초상을 능연각凌煙閣에 그려 놓았다.

○圖畫功臣張孫無忌·趙郡王孝恭·杜如晦·魏徵·房玄齡·高士廉·尉遲敬德·李靖·蕭瑀·段志玄·劉弘基·屈突通·殷開山·柴紹·長孫順德·張亮·侯君集·張公謹·

〈이적(懋功)〉《三才圖會》

程知節·虞世南·劉政會·唐儉·李勣·秦叔寶等, 於凌煙閣.

【孝恭】太宗의 再從兄弟임.

● 고대 越王 句踐이 范蠡를 찾기 위해 그 형상을 그렸던 일과 唐 太宗이 凌煉閣에 공신의 초상을 그려 건 것에 대한 王氏의 史評은 다음과 같다.

王曰:「傳說未遇, 而高宗審象以求之. 范蠡旣去, 而句踐鑄像以訪之. 此二者, 唯其先後之不同, 而其好賢樂善之心則一也. 宣帝之麒麟閣, 光武之雲臺, 太宗之凌煙閣, 其圖繪功臣之意, 是亦高宗句踐之意歟!」

703 후군집侯君集으로 인한 오해

태자 승건李承乾은 재주가
없고, 위왕魏王 태李泰는 재
주가 있어 황제의 총애를 받
고 있어 태가 몰래 적손의
자리를 빼앗으려는 생각을
품고 있었다. 후군집侯君集
은 자기의 공을 믿고 황제를
원망하고 있었는데, 태자
승건의 어리석음을 이용하여
그 틈새를 타고자 승건에게

〈저수량(登善)〉《三才圖會》

모반할 것을 권하였다. 그러나 일이 발각되어 승건은 폐위되어 평민이
되고 후군집은 주살당하였다.

태李泰도 음험하고 속임수가 있음으로 해서 태자로 세울 수 없다고
여겨 황제는 진왕晉王 치李治를 세워서 태자로 삼았다.

위징이 추천하였던 후군집에 대하여도 황제는 위징과 같은 당파라고
의심하기 시작하였다. 다시 황제에게 이렇게 말하는 자가 있었다.

"위징은 전후로 황제께 간언諫言한 말을 기록하였다가 이를 기거랑
起居郎 저수량褚遂良에게 보여주었습니다."

황제는 더욱 불쾌하게 여기고 있었다. 이에 위징의 임종에 임금이
공주衡山公主를 가리키며 위징의 아들 숙옥叔玉에게 시집보내겠다고
하였었는데 이때에 이르러 그 혼인을 취소하였으며, 자신이 세워주었던
위징의 비석도 치워버리도록 하였다.

○ 太子承乾不才, 魏王泰多能有寵. 潛有奪嫡之志. 侯君集負功怨望, 以承乾暗劣欲乘釁, 因勸之反. 事覺, 廢爲庶人君集坐誅. 泰亦以險詐不立, 立晉王治爲太子.

魏徵嘗薦君集, 上始疑徵阿黨.

又有言:「徵自錄前後諫辭, 示起居郎褚遂良.」

上愈不悅, 徵臨終, 上而指公主, 欲妻其子叔玉, 至是停其婚, 踣所立碑.

【泰】太宗의 셋째아들.

【怨望】《通鑒》에 "侯君集이 高昌을 파하고 사사로이 그 珍寶를 취하여 有司에게 탄핵을 받아 조칙에 의해 옥에 갇히게 되었다. 뒤에 중서시랑 岑文本이 상소하여 풀려났다"라 하였으며 이 일은 貞觀 14년에 자세히 실려 있다.(通鑒: 侯君集之破高昌也. 私取其珍寶. 爲有司所劾. 詔下君集獄. 後以中書侍郎岑文本上疏得免. 詳見貞觀十四年. -원주)

【治】李治. 太宗의 아홉째아들.

【嘗薦】魏徵이 일찍이 侯君集이 재상의 재질이 있으니 의당 그에게 여러 숙위의 兵馬를 전임시킴이 마땅하다고 추천한 적이 있음.(案: 魏徵嘗薦君集有宰相材, 宜委專知諸衛兵馬. -원주)

【起居郎】國史院의 관직.《六典》에 "起居郎은 天子의 動作과 法度를 기록하여 역사책을 쓰는 일을 관장한다"라 함.(六典曰: 起居郎. 掌錄天子之動作法度, 以修記事之史. -원주)

704 고구려高句麗 정벌에 나서다

18년(644년), 황제는 친히 고구려高句麗를 정벌하였다. 이에 앞서 고구려에서는 천개소문泉蓋蘇文, 淵蓋蘇文이 그 임금을 시해하였고, 신라新羅가 다시 사신을 보내어 이렇게 청하였었다.

"백제와 고구려가 군사를 연합하여 우리 신라의 조공 길을 막고 있으니 군대를 보내어 구원해주기를 바랍니다."

이에 황제는 드디어 이를 토벌하고자 우선 낙양洛陽으로 갔다.

○ 十八年, 上親征高麗.

先時高麗泉蓋蘇文弑其君, 新羅又遣使言:「百濟與高麗, 連兵謀絶新羅入貢之路, 乞兵救援.」

上遂討之, 先如洛陽.

고구려 벽화 〈甲騎具裝圖〉 길림 집안

【泉蓋蘇文】 우리의 史書에는 모두 '淵蓋蘇文'으로 되어 있음. "高句麗의 君長이다. 혹 泉은 氏이며 蓋는 號, 蘇文은 이름이라고도 하나 사실 여부는 알 수 없다. '蓋'는 '갑'으로 읽는다."(高麗君長. 或云: 泉氏. 蓋號. 蘇文名也. 未詳是否. 蓋甘入聲. －원주) 주에 특이하게 '蓋'를 '갑'으로 읽도록 하였다.

705 고구려 정벌의 시말

(1) 안시성安市城에서 대패하다

19년(645년), 황제는 낙양을 떠나 정주定洲에 이르러 군사를 진격시켰다. 황제는 요수遼水를 건너 요동성遼東城을 함락시키고, 백암성白巖成을 항복 받은 다음 안시성安市城을 공격하여 그 성 아래에서 그들의 구원군을 크게 파하였다. 그러나 안시성은 성이 견고하고 군사가 강하며 굳게 지키고 있어 함락되지 않았다. 의논하는 자들이 말하였다.

"오골성烏骨城을 뽑아버리고 압록강鴨綠江을 건너 곧바로 평양平壤의 그들 근거지를 취하고자 합니다. 그렇게 되면 그 나머지는 싸우지도 못하고 항복해 올 것입니다."

〈壺杅銘〉青銅盒. 고구려 광개토왕이 신라에게 보낸 선물. 경주 壺杅塚에서 출토 "乙卯年國罡上廣開土地好太王好杅十"의 명문이 있음. 국립중앙박물관 소장

그런데 다른 사람은 이렇게 말하였다.

"천자의 친정親征은 장수들의 출정과 달라서 위험을 타고 나서서는 안 됩니다."

○ 十九年, 上發洛陽至定州, 進諸君. 上渡遼水, 拔遼東城, 降白巖城, 攻安市城, 大破其救兵於城下. 安市城險兵精, 堅守不下. 議者欲拔烏骨城, 渡鴨綠水, 直取平壤其本根, 則餘可不戰而降.

或又謂:「親征異於諸將, 不可乘危.」

【定州】河北에 속하며 바로 中山府이다.
【烏骨城】이상의 여러 성들은 모두 東夷에 있다.
【鴨綠水】高(句)麗의 東北에서 발원하여 서쪽으로 흘러 바다로 들어간다.
【平壤】동이에 있으며 고(구)려의 도읍.(城在東夷, 高麗所都. -원주)

⑵ 위징魏徵이 살아 있었다면 말렸을 텐데

황제는 요동은 일찍 추워져 풀은 마르고 물은 얼어 군사와 말을 오래 머물러 둘 수 없을뿐더러 군량까지 곧 소진할 것이라는 이유로 칙명을 내려 군사를 돌이켰다. 이 정벌에서 10성을 빼앗고 7만 호를 옮겼으며 세 번의 큰 접전에서 4만여 명을 베었다.

그러나 전사한 병사도 거의 3천 명이나 되었으며 군마는 열에 7, 8이 죽어 능히 공을 이루었다 할 수 없었다. 황제는 깊이 후회하며 이렇게 말하였다.

"위징魏徵이 살아 있었더라면 이런 출정을 하지 못하게 하였을 텐데."

그리고 역원을 달려 위징에게 소뢰少牢로 제사지내고 앞서 제작했다가 치워버렸던 비를 다시 세우도록 하였다.

上以遼左早寒, 草枯水凍, 士馬難久留, 且糧將盡, 勅班師.
是行拔十城, 徙戶口七萬, 三大戰, 斬首四萬餘級. 然戰士死者,
幾三千人. 戰馬死什七八, 不能功, 深悔之.

歎曰:「魏徵若在, 不使我有此行也.」

命馳驛, 祠徵以少牢, 復立所製碑.

【班師】 군사를 되돌려 옴을 班이라 한다.(還師曰班. −원주)
【戶口】《通鑑》에 "갑주, 요주, 암주로 옮겼으며 그 호구가 중국으로 들어온
  것이 7만 명이다"라 함.(通鑑: 徙蓋遼巖三州, 戶口入中國者七萬人. −원주)
【少牢】 羊과 돼지(豕)를 잡아 제사를 지냄.

706 치욕을 씻은 공을 종묘에 알립니다

20년(646년), 황제는 영주靈州로 가서 이세적李世勣을 보내어 설연타薛延陀를 치도록 하여 이를 격파하고 항복을 받았다. 칙륵敕勒의 여러 부를 위로하여 달래자 회흘回紇 등 11성姓은 각각 사신을 보내어 황제의 명에 귀의할 것이니 그곳에 당나라 관사官司를 설치해 줄 것을 청하였다. 황제는 이렇게 조서를 내렸다.

"짐은 오직 군사 명령에 치우쳐 돌궐突厥의 힐리칸을 쫓아 사로잡게 하여 비로소 조정의 계획을 넓히게 되었다. 지금 이미 설연타를 멸망시켰고 철륵鐵勒의 백여 만 호가 자원하여 우리의 주군州郡이 되겠다고 청하고 있다. 이는 천지가 생긴 이래 아직 들어보지 못한 일이다. 마땅히 예를 갖추어 종묘宗廟에 고하고 천하에 이를 반포하여 보여주노라."

그리고 황제는 이렇게 시詩를 지었다.

"치욕을 씻어 백왕百王께 보답하고 흉악한 무리를 제거하여 천고千古에 보고하도다."

이 시를 돌에 새겨서 영주에 세우게 하였다.

○ 二十年, 上如靈州, 遣李世勣擊薛延陀, 破降之. 招諭勅勒諸部, 回紇等十一姓, 各遣使歸命. 乞置官司.

詔曰:「朕聊命偏師, 逐擒頡利, 始弘廟略, 已滅延陀, 鐵勒百餘萬戶, 請爲州郡. 混元以降, 殊未前聞. 宜備禮告廟, 仍頒示天下.」

上爲詩曰:『雪恥酬百王, 除兇報千古.』

刻石於靈州.

【十一姓】譜系는 알 수 없음.
【鐵勒】西夷의 別種.

【混元】太古 시대를 뜻함.

【報千古】옛날 태왕(大王)이 岐山으로 옮겨야 했고, 高帝(劉邦)가 平城에서 포위당한 일은 모두 夷狄에 대한 치욕이었다. 그런데 지금 이미 모두 신하로 삼을 수 있게 되었으니 이는 옛 왕들에게 보답한 것이라 알릴 수 있게 된 것이다. (昔大王岐山之遷, 高帝平城之圍, 皆夷狄之恥也. 今旣皆得而臣之, 猶申報於前王矣. −원주)

707 당나라 으뜸 신하 방현령房玄齡

22년(648년), 사공司空 양공梁公 방현령房玄齡이 죽었다. 황제는 슬픔을 억제하지 못하였다. 방현령은 황제를 도와 천하를 평정하였고 죽을 때까지 32년 동안 재상의 지위에 있었으며 어진 재상이라는 말을 들었다.

그러나 방현령 그의 자취는 찾을 만한 것이 없었다. 황제가 화란을 평정하였지만 방현령과 두여회는 자신들의 공로를 언급하지 않았다. 왕규王珪와 위징魏徵은 간쟁에 뛰어났지만 방현령과 두여회는 그 두 사람의 어짊에 양보하였다. 또 영공英公, 李世勣과 위공衛公, 李靖은 전략가로 인정하여 방현령과 두여회는 그들의 도를 실행하게 하였다. 이렇게 하여 천하태평을 이루었으나 임금에게 그 공을 잘 돌려 당나라 으뜸의 신하가 된 것이다.

○ 二十二年, 司空梁公房玄齡卒. 上悲不自勝. 玄齡佐上定天下, 及終相位三十二年, 號爲賢相. 然無迹可尋, 上定禍亂, 而房杜不言功. 王魏善諫諍, 而房杜讓其賢; 英衛善將兵, 而房杜行其道. 理致太平, 善歸人主, 爲唐宗臣.

【梁公】 房玄齡은 梁國에 봉해졌으며 작위는 公爵이었음.
【房杜】 房玄齡과 杜如晦를 가리킴.
【王魏】 王珪와 魏徵을 가리킴.
【英衛】 英公 李勣과 衛公 李靖을 가리킴.

708 나는 축출할 테니 너는 등용하라

23년(649년), 황제가 병이 들어 태자에게 이렇게 말하였다.

"이세적李世勣은 재주와 지혜가 넘치는 사람이다. 그러나 너는 그에게 은혜를 베푼 것이 없다. 내 지금 그를 축출할 것이니 내가 죽거든 너는 그를 등용하여 복야僕射로 삼아 가까이 하여 일을 맡겨라. 그러나 그가 만약 머뭇거리며 살피기만 하거든 마땅히 죽여버려라."

이에 태종은 그를 첩주疊州도독으로 좌천시켰다. 그러자 이세적은 조서가 자신의 집에 이르기도 전에 임지를 향해 떠나갔다.

○ 二十三年, 上有疾, 謂太子曰:「李世勣才知有餘, 然汝與之 無恩. 我今黜之, 我死, 用爲僕射親任之. 若徘徊顧望, 則當殺之耳.」

乃左遷疊州都督, 受詔不至家而去.

【疊州】鞏昌에 속함.

709 창업創業과 수성守成

그 해 5월에 태종이 죽었다.(649년) 재위 24년, 연호를 정관貞觀이라 고쳤다. 황제는 무공으로 천하의 화란을 평정하고, 끝은 문덕文德으로 해내를 안정시켰다. 황제는 항상 스스로 교만과 사치를 두려워하였다. 일찍이 황제는 이렇게 말하였다.

"군주는 오직 한 마음인데 이를 공격하는 자는 많아 혹은 용력으로, 혹자는 구변으로, 또 혹자는 간사함과 속임수로, 혹자는 나의 기욕을 충족시키는 방법으로 하여 폭주해 달려들면서 각자 자신을 팔아왔다. 군주가 조금이라도 해이하여 그 중 하나라도 받아주었다가는 위기와 멸망이 이를 뒤따르고 만다. 이것을 어렵게 여겨야 할 바이다."

또 일찍이 옆의 신하에게 이렇게 물었다.

"창업創業과 수성守成은 어느 것이 어려운가?"

방현령이 대답하였다.

"초창기의 어두울 때는 군웅群雄이 아울러 일어나니 이들과 힘을 겨루어 본 다음에야 신하로 삼을 수 있습니다. 그러니 창업이 어렵습니다."

그러자 위징이 말하였다.

"자고로 제왕은 어려움에서 얻어 안일함에서 잃지 아니하는 자가 없습니다. 그러니 수성이 어렵습니다."

황제가 말하였다.

"방현령은 나와 함께 천하를 취하여 백 번 죽을 고비에서 한 번 살아났지요. 그래서 창업의 어려움을 아는 것입니다. 위징은 나와 함께 천하를 안정되게 다스리며 항상 교만과 사치는 부귀에서 생겨나고, 화란은 소홀함에서 생겨남을 두려워하고 있었소. 그 때문에 수성의 어려움을 아는 것입니다. 그러나 창업의 어려움은 이미 지나간 것이요 수성의 어려움만 있는 셈이니 바야흐로 여러 공들과 이를 조심하기로 합시다."

태종은 자신의 군주로서의 위엄 있는 풍채를 신하들이 두려워함을 알고, 항상 따뜻한 얼굴로 신하들을 접하여 남이 간언하기 쉽도록 유도하고, 간하는 사람에게는 상을 주어 다가오도록 하였다. 다만 말년末年의 동정高麗에 저수량褚遂良의 간언을 듣지 않은 일이 한 번 있었을 뿐이다.

태자가 제위에 올랐다. 이가 고종황제高宗皇帝이다.

○ 上崩在位二十四年, 改元者一, 曰貞觀. 上雖以武功定禍亂, 終以文德綏海內.

常自以驕侈爲懼, 嘗曰:「人主惟一心, 攻之者衆, 或以勇力, 或以辯口, 或以諂諛, 或以姦詐, 或以嗜欲, 輻湊各求自售, 人主少懈而受其一, 則危亡隨之. 此其所以難也.」

嘗問侍臣:「創業守成孰難?」

玄齡曰:「草昧之初, 羣雄竝起, 角力而後臣之, 創業難矣.」

魏徵曰:「自古帝王, 莫不得之於艱難, 失之於安逸, 守成難矣.」

上曰:「玄齡與吾共取天下, 出百死得一生, 故知創業之難; 徵與吾共安天下, 常恐驕奢生於富貴, 禍亂生於所忽, 故知守成之難. 然創業之難往矣, 守成之難, 方與諸公愼之.」

自知神采爲臣下所畏, 常溫顔接羣臣, 導人使諫, 賞諫者以來之. 惟末年東征之役, 褚遂良嘗諫不聽.

太子立, 是爲高宗皇帝.

【貞觀】 즉위 2년 丁亥에 연호를 바꿈.
【草昧】 초창기여서 아직 정리가 되지 않았으며 암매하여 명확하지 않음. 수나라 말기의 혼란함을 뜻함.(草而不齊, 昧而不明, 言隋末之亂也. −원주)
【東征】 高句麗 정벌의 실패를 뜻함.

3. 高宗皇帝

> ◉ 高宗. 唐나라의 제3대 황제.
> 李治. 650년~683년 재위.

710 고종황제高宗皇帝

고종황제高宗皇帝의 이름은 치李治이며 어머니는 장손황후長孫皇后이다. 태자 승건承乾이 폐위되었을 때 장손무기長孫無忌가 힘써 태종에게 치治를 태자로 세울 것을 권하였다. 치는 태자가 되어 7년 동안 동궁東宮에 있었다. 태종은 일찍이 '제범십이편帝範十二篇'을 지어 내려주면서 이렇게 말하였다.

"수신과 치국이 모두 이 글에 있으니 어느 날 내 죽더라도 더 이상 할 말이 없다."

이때에 이르러 즉위하자(650년) 장손무기와 저수량褚遂良이 선제先帝의 유조遺詔를 받들어 정치를 보좌하였다. 이세적李世勣을 좌복야左僕射로 삼고 얼마 뒤 사공司空에 임명하였다.

高宗皇帝:

名治, 母長孫皇后. 承乾廢, 長孫無忌, 力勸太宗立治, 在東宮七年, 太宗嘗作帝範十二篇以賜, 曰:「脩身治國盡在其中, 一旦不諱, 更無言矣.」

至是卽位, 長孫無忌·褚遂良, 受先帝遺詔輔政, 以李勣爲左僕射, 尋爲司空.

【皇后】長孫無忌의 여동생이었음.

【十二篇】君體, 建親, 求賢, 審官, 納諫, 去讒, 戒盈, 崇儉, 賞罰, 務農, 閱武, 崇文 등 열두 편을 뜻함.

【盡】《通鑑》에는 '備'로 되어 있음.

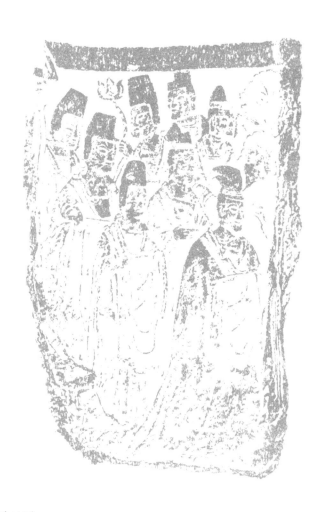

711 무씨武氏의 등장

영휘永徽 5년(654년), 고종은 태종의 재인才人 무씨武氏를 소의昭儀로
삼았다.

○ 永徽五年, 以太宗才人武氏爲昭儀.

【才人, 昭儀】 모두가 궁중 女官의 명칭.

712 소중유도笑中有刀의 이묘李猫

6년(655년), 고종은 황후 왕씨王氏를 폐하고 무소의武昭儀를 세워 황후를 삼고자 하였다. 허경종許敬宗과 이의부李義府는 이에 찬성하였지만 저수량은 반대하였다. 고종이 이세적에게 묻자 이세적은 이렇게 말하였다.

"이는 폐하의 집안일입니다. 어찌 다시 외인에게 묻습니까?"

일은 마침내 결정 나고 말았다. 그리하여 저수량은 좌천되고 이의부가 참지정사參知政事가 되었다.

이의부는 겉으로 보기에는 온순하고 공경스러워 남과 즐겁고 편하였으나 속이 좁고 음험하며 질투심이 강하고 남을 이기기를 좋아하였다. 그리하여 사람들은 그를 이렇게 평하였다.

"웃음 속에 칼을 품고 있다."

부드러우면서도 사물을 해쳐 이묘李猫라 불렀다.

○ 六年, 上欲廢皇后王氏, 立武昭儀爲后. 許敬宗·李義府贊之, 褚遂良不可.

以問李勣, 勣曰:「此陛下家事, 何必更問外人?」

事遂決. 褚遂良貶, 義府參知政事.

義府貌若溫恭, 與人嬉怡, 而狹險忌克.

人謂:「笑中有刀.」

柔而害物, 謂之李猫.

【更】音庚.

✸ 武氏의 廢立에 대한 范氏의 史評은 다음과 같다.

范曰:「高宗欲廢立, 而猶難於顧命大臣, 決於勣之一言, 勣若以爲不可, 武氏
必不立矣. 勣非推不諫, 又勸成之, 孼后之立, 無忌遂良之死, 唐室中絶, 皆勣
之由, 其禍豈不博哉! 太宗以勣爲忠, 託以孤幼, 而其大節如此. 書曰:『知人則哲.』
惟帝其難之信哉!」

【貶】이에 저수량은 潭州都督으로 폄직되었음.

713 무후武后의 독단

　무후武后는 장손무기가 자신을 도와주지 않음을 심히 원망하고 있었다. 현경顯慶 4년(659년), 무기의 관직을 삭탈하여 검주黔州로 귀양보내 버렸다. 저수량은 이보다 1년 전에 죽었고, 이때에 이르러 장손무기와 처음에 같은 의견을 냈던 유석柳奭과 한원韓瑗 등은 모두 피살당하였다.

　○ 武后以長孫無忌不助己, 深怨之. 顯慶四年, 削無忌官黔州安置. 遂良先一年卒, 至是無忌與初議者柳奭・韓瑗, 皆被殺.

【己】 音紀.

※ 원주의 기록은 다음과 같다.

《通鑑》에 "永徽 5년 廢立의 뜻을 굽히지 않았으나 大臣들이 따르지 않을까 하여 昭儀와 長孫無忌의 저택으로 가서 실컷 술을 마시며 無忌의 寵姬가 낳은 세 아들을 大夫로 삼아주었다. 그리고 金寶와 繒錦 등 열 수레를 싣고 무기에게 하사하며 임금이 조용히 황후가 아들이 없음을 들어 무기를 달랬다. 그러나 무기는 다른 말로 화제를 바꾸어 결국 임금의 뜻을 들어주지 않았다. 이에 황제와 소의는 불쾌히 여기며 그 일을 그만두었다"라 함.(通鑑: 永徽五年由有廢立之志, 又畏大臣不從, 乃與昭儀幸無忌第, 酬飮極歡, 拜無忌寵姬子三人爲大夫. 仍載金寶繒錦十車, 以賜無忌. 上因從容言皇后無子, 以諷無忌. 無忌對以他語, 竟不順旨, 上及昭儀皆不悅而罷.)

【黔】 川南에 속하며 지금의 紹慶府.

714 봉선과 노자老子 존숭

건봉乾封 원년(666년), 황제는 태산泰山에 올라 봉선하고 박주亳州에 이르러 노자老子를 높여 태상현원황제太上玄元皇帝라 하였다.

○ 乾封元年, 上封泰山, 至亳州, 尊老君爲太上玄元皇帝.

【亳州】 河南에 속하며 譙郡.
【老君】 老子를 가리킴.

715 다시 고구려 정벌

이세적을 요동대총관遼東大總管을 삼아 고구려高句麗를 정벌하게 하였다.

○ 以李勣爲遼東大總管, 伐高麗.

716 고구려의 멸망

총장總章 원년(668년), 이세적은 평양平壤을 함락시키고 그 왕의 항복을 받았다. 고구려는 완전히 평정되어 그곳에 안동도호부安東都護府를 두었다.

○ 總章元年, 李勣拔平壤, 降其王. 高麗悉平, 置安東都護府.

717 천황天皇과 천후天后

상원上元 원년(674년), 고종을 천황天皇이라 일컫고, 무후를 천후天后라
칭하였다.

○ 上元元年, 帝稱天皇, 后稱天后.

718 아들을 독살한 무후武后

처음 고종은 천첩에게서 난 충李忠을 태자로 삼았었다. 그런데 무후가
이를 폐하고 무후의 아들 홍李弘을 세웠다. 홍은 인효하여 조정의 안팎이
그에게 마음을 두고 있었으나 무후의 뜻을 거역하여 무후는 이를 독살
하고, 다음 아들을 태자로 세웠는데 이가 현李賢이다. 그러나 무후는
일을 꾸며 이를 폐하고 다시 그 다음 아들 철李哲, 顯을 세웠다.

○ 初帝以賤妾子忠爲太子. 武后廢之, 立后之子弘. 弘仁孝,
中外屬心, 忤后意, 鴆之, 立其次, 曰賢. 又以事廢之, 而立其次哲.

719 봉황조양鳳凰朝陽

고종은 재위 중에 연호를 열세 번 바꾸어, 영휘永徽, 현경顯慶, 용삭龍朔, 인덕麟德, 건봉乾封, 총장總章, 함형咸亨, 상원上元, 의봉儀鳳, 영륭永隆, 개요開耀, 영순永淳, 홍도弘道라 하였다. 재위 34년에 정치가 궁중무후의 수중에 있었던 것이 30년이었다.

저수량 등이 죽은 이후 신하들 중 감히 간하는 사람이 없었다. 이선감李善感이 일찍이 일을 들어 한 번 간한 일이 있었는데 사람들은 이를 두고 봉황鳳凰이 조양朝陽에서 울었다고 여겼다.

고종이 죽고 태자 철哲, 顯이 즉위하였다.(684년) 이가 중종황제中宗皇帝이다.

○ 上在位改元者十三: 曰永徽・顯慶・龍朔・麟德・乾封・總章・咸亨・上元・儀鳳・永隆・開耀・永淳・弘道. 凡三十四年, 而政在中宮者三十年矣.

自褚遂良等死後, 羣臣無敢諫者. 李善感嘗因事一諫, 人以爲鳳鳴朝陽. 上崩, 太子哲卽立, 是爲中宗皇帝.

【中宮】皇后 武氏를 가리킴.

【一諫】《通鑑》에 "永淳 元年에 황제가 泰山에 봉선하고 다시 五嶽을 두루 다니고자 하였다. 이에 李善感이 이렇게 간하였다. '폐하께서 泰山을 봉하여 太平과 서응을 고하심은 三皇 五帝에 비하여 더욱 융성합니다. 그러나 몇 년을 두고 곡식이 여물지 않아 배고픈 시신이 서로 바라보고 四夷의 침벌이 끊이지 않아 전쟁은 해마다 일어나고 있습니다. 폐하께서는 의당 공경히 조용히 도를 생각하셔서 재앙을 없애야 함에도 궁실을 짓기에 바쁘시고 노역을 그치지 않으니 천하가 실망하고 있습니다. 신은 이것이 국가의 이목을 더럽히는 것이 아닌가 하여 이로써 근심으로 여기고 있습니다.' 그러자 임금은 이를 용납하였다."라

하였다.(通鑑: 永淳元年, 上旣封泰山, 欲偏封五嶽, 善感諫曰:「陛下封泰山, 告太平致羣瑞, 與三皇五帝比隆矣. 數年菽粟不稔, 餓莩相望, 四夷交侵, 兵車歲駕, 陛下宜恭黙思道, 以禳災譴, 乃更廣營宮室, 勞役不休, 天下莫不失望. 臣忝備國家耳目, 竊以此爲憂.」上優容之. —원주)

【鳳鳴朝陽】 山東은《시경》朝陽 시에 "鳳凰鳴矣, 于彼高岡. 梧桐生矣, 于彼朝陽"의 구절을 두고 한 말.

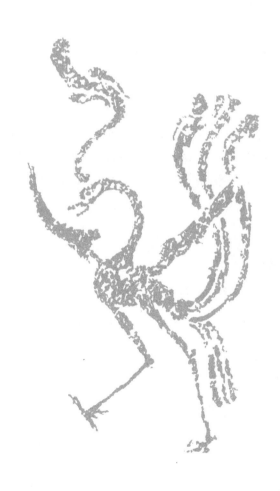

4. 中宗皇帝

🀫 中宗. 唐나라의 제4대 황제.
李顯. 684. 다시 복위하여 705년~710년 재위함.

720 중종황제 中宗皇帝

(1) 빈자리를 껴안고

중종황제는 처음 이름은 현李顯이었으나 뒤에 철李哲로 고쳤다. 즉위
하고 나서 위비韋妃를 세워 황후를 삼고 연호를 고쳐 사성嗣聖이라 하였다.

이듬해 무후는 중종을 폐하여 여릉왕廬陵王을 삼고 그 아우 단李旦을
세웠다.(684년) 단은 황제라는 빈 그릇을 껴안고 7년 동안을 견뎠으며
연호를 수공垂拱, 영창永昌으로 고쳤다.

中宗皇帝:

初名顯, 改名哲. 旣卽位, 立韋妃爲后, 改元曰嗣聖. 明年,
武后廢帝爲廬陵王, 而立其弟旦. 旦擁虛器者七年, 改元曰垂拱·
曰永昌.

【廬陵】吉安에 세웠던 봉후국.

(2) 측천무씨則天武氏

무후는 단을 폐하여 황사皇嗣로 삼고 스스로 황제라 일컬었다.(684년)
이가 측천무씨則天武氏이다.

太后廢旦爲皇嗣, 而稱帝, 是爲則天武氏.

【武氏】 측천무후를 가리킴.
● 원주의 贊은 다음과 같다.

贊曰:「小雅曰:『赫赫宗周, 褒姒滅之.』此周幽王之詩也. 是時幽王雖亡而太子
宜臼立, 是爲平王. 而詩人乃言'滅之'者, 以爲文武之業於是蕩盡. 東周雖在,
不能復與矣; 其曰'滅'者, 甚疾之之辭也. 武氏之亂, 唐之宗室滅殺殆盡, 其賢
士大夫, 不免者十八九. 以太宗之治, 其遺德餘烈, 在人者未遠, 而幾於遂絶,
其爲惡, 豈一姒之比耶? 以太宗明, 昧於知子, 廢立之際不能自決, 卒付昏童,
高宗溺愛衽席, 不戒履霜之漸, 而毒流天下. 貽禍邦家. 嗚呼! 父子夫婦之閒,
可謂難哉! 可不愼哉!」

721 측천무후則天武后의 시대

(1) 여인이 천하를 잡으리라

측천무씨則天武氏는 원래 형주荊州 도독 무사악武士彠의 딸이다. 태원太原 사람으로 나이 열넷에 태종이 미인이라는 말을 듣고 후궁으로 불러들였으며 정관 11년(637년)에 재인才人으로 삼았다.

당시 천하에 가곡으로 유명한 무미랑媚媚娘이 이미 참언이 되어 있었다.

정관 말년에는 태백성太白星이 자주 대낮에 나타나 태사太史가 점을 쳤더니 '여자 임금이 번영할 징조'라 하였다.

또 비기祕記에 '당 삼세三世 후에는 여주女主 무왕武王이 대신 천하를 갖게 될 것이다'라 하였다.

〈측천무후〉《三才圖會》

태종은 이를 꺼려 일찍이 신하들과의 연회에서 각기 자신들의 어릴 때 이름을 말해보도록 한 적이 있었다. 과연 무위장군武衛將軍 이군선李君羨이 관명官名, 武衛將軍과 봉읍封邑, 武連에 모두 무武자가 들어 있었고 게다가 어릴 때 이름이 오랑五娘이라는 것이었다. 태종이 놀라 말하였다.

"무슨 여자가 이렇게 억세담!"

혹자가 이렇게 상주하였다.

"이군선이 모반을 꾸며 궤에 어긋난 짓을 하고 있습니다."

이리하여 마침내 이군선을 주살해 버렸다. 그리고 몰래 태사 이순풍李淳風에게 물었다. 순풍은 대답하였다.

"신이 하늘을 우러러 천상天象을 살펴보고 굽어 역수曆數를 살피건대 그 사람은 이미 폐하의 궁중에 있습니다. 불과 30년이면 천하에 제왕이 되어 당나라 자손을 거의 다 죽여버릴 것입니다. 그 조짐은 이미 이루어져 있습니다."

○ 則天武氏故荊州都督武士彟之女也, 太原人, 年十四, 太宗 聞其美, 召入後宮, 以貞觀十一年, 爲才人. 時天下歌曲名斌 媚娘, 已成讖.

貞觀末, 太白屢書見, 太史占云:「女主昌.」

又傳祕記:「唐三世後, 女主武王代有天下.」

太宗惡之, 嘗與羣臣宴, 令各言小名, 武衛將軍李君羨, 官稱 封邑, 皆有武字, 而小名五娘.

太宗愕曰:「何物女子, 乃爾健邪?」

或奏:「君羨謀不軌.」

遂誅之.

密問太史李淳風, 對曰:「臣仰觀天象, 俯察曆數, 其人已在陛 下宮中. 不過三十年, 當王天下, 殺唐子孫殆盡, 其兆已成矣.」

【彟】음은 '악'이다.(音央入聲. ─원주)
【斌】음은 '무'이다.(音武. ─원주)
【武字】《通鑑》에「左武衛將軍, 武連縣公, 武安李君羨」이라 함.(원주)

⑵ 여승을 사랑하다

태종이 죽었을 때 재인 무씨는 24살이었는데 여승尼이 되어 있었다. 기일에 고종高宗이 그 절에 갔다가 여승이 된 무씨를 보고 울었다. 당시 고종의 왕황후王皇后가 숙비淑妃 소씨蕭氏와 서로 고종의 총애를 다투고 있었다. 그리하여 몰래 무씨의 머리를 기르게 해서 고종에게 그를 후궁으로 받아들이도록 권하였다.

이윽고 무씨가 들어오자 왕황후와 소숙비는 모두 고종의 총애를 잃고 말았다. 무씨는 나이 32에 소의昭儀에서 황후가 되었다. 왕황후와 소숙비는 모두 무씨에게 살해당하였으며 무씨의 아버지 사악은 주국공周國公의 작위를 추증追贈하고 얼마 후 태원왕太原王에 추증하여 얹어주었다.

太宗崩, 才人年二十四矣, 爲尼. 高宗幸寺, 見之而泣. 時王皇后,
與蕭淑妃爭寵. 密令長髮, 勸高宗納之. 旣入, 而后與淑妃皆失寵.
武氏年三十二, 遂自昭儀爲后. 王蕭皆爲所殺, 贈父士彠周國公,
尋加贈太原王.

⑶ 천하의 이성二聖

원래 고종은 풍현風眩이라는 병으로 고생하여 백관들이 올리는 사안은 살펴볼 수가 없었다. 이리하여 혹 황후에게 이를 결재하도록 하였다. 무씨는 성격이 총민하였으며 문사의 여러 책을 두루 섭렵하여 처리하는 일이 모두 고종의 마음에 들었다. 이로부터 정사가 그에게 맡겨져 그 권세가 황제와 같았다. 세상에서는 그들을 '이성二聖'라 하였다.

高宗苦風眩, 不能視百司奏事, 或使皇后決之. 后性明敏, 涉獵
文史, 處事皆稱旨. 由是委以政事, 權與人主侔, 人謂之二聖.

⑷ 칠묘七廟를 세우다

고종이 살아 있을 때 무후는 자기 손으로 아들 홍李弘을 죽이고 태자
현李賢을 폐위시켜 버렸다. 고종이 죽고 아들 철李哲이 황제의 자리에
올랐다. 그러나 이를 폐하여 여릉왕廬陵王을 삼고 아들 단李旦을 세웠다.
무후는 자신은 임조臨朝하여 칭제稱制하였으며 자신의 친정 무씨의 칠묘
七廟를 세웠다.

在高宗之世, 后自殺子弘, 廢子賢. 高宗旣崩, 子哲卽位. 廢位
廬陵王, 而立子旦. 后臨朝稱制, 立武氏七廟.

【七廟】太祖와 三昭, 三穆의 사당을 말함.

⑸ 천하가 누구의 것이냐

영공英公 이경업李敬業이 양주揚州에서 군사를 일으켜 무후를 치면서
이렇게 격문을 내걸었다.
"한 줌의 흙이 아직 채 마르지도 않았는데 여섯 척의 외로운 태자는
어디에 있는가?"

그리고 다시 이렇게 말하였다.

"시험 삼아 오늘의 국내를 보라. 도대체 이것은 누구의 천하란 말이냐?"

무후는 장군을 보내 이경업을 쳐서 죽였다. 월왕越王 정貞도 군사를 일으켜 바로 잡으려 하였으나 이기지 못하고 죽고 말았다. 나라 황실을 회복하려고 하였으나, 역시 패배하자 죽어버렸다.

英公李敬業起兵討之, 檄曰:「一杯之土未乾, 六尺之孤安在?」
又曰:「試觀今日之域中, 竟是誰家之天下?」
太后遣將擊殺之, 越王貞又擧兵匡復, 不克而死.

【英公】李敬業이 英國에 봉해졌으며 작위는 公爵.
【李敬業】李勣의 손자이며 李震의 아들로 이적이 죽자 李敬業이 작위를 세습하였음.
【一杯之土未乾】高宗의 장례가 끝난 지 얼마 되지 않음의 뜻.
【六尺之孤安在】아들 李哲이 섰으나 폐위됨.
【遣將】당시 장수는 李孝逸이었음.
【李貞】高宗의 아우.

⑹ 국호를 주周로

무후는 드디어 당나라 종실을 크게 멸살하고 자신의 이름도 조曌라 하여 황제를 칭하며 국호를 주周라 하였다.(690년) 황제 단李旦은 황사皇嗣로 삼고 성을 무武씨로 고쳤다. 이 때 무후는 나이 67살이었다.

太后遂大殺唐宗室, 自名曌, 稱皇帝, 國號周. 以旦爲皇嗣,
改姓武. 時曌年六十七矣.

【曌】'조'로 읽음.(音照. —원주)

(7) 연꽃이 육랑六郎 같습니다

처음 무후는 회의懷義라는 중을 총애하였으나 뒤에는 장역지張易之,
장창종張昌宗 형제를 총애하여 두 형제는 궁중에 거하면서 일을 마음대로
하였다. 형 역지는 오랑五郎이라 불리고 아우 창종은 육랑六郎이라 불렸다.
아첨하는 자가 말하였다.
"세상 사람은 육랑을 연꽃 같다 하지만 제가 보기에는 연꽃이 육랑
같다고 여깁니다."

初寵僧懷義, 後寵張易之・張昌宗, 兄弟居中用事.
易之五郎, 昌宗六郎.
佞者曰:「人言六郎似蓮花, 吾謂蓮花似六郎耳.」

【僧懷義】사문을 승이라 하고 범어로 승가라 한다(沙門曰僧, 梵云僧伽. —원주)

⑻ 권모술수와 인물 이용

무후는 민심이 자기에게 심복하지 않음을 알았으며 게다가 안으로 자신의 부정한 행동을 남들이 이러쿵저러쿵 할 것이 두려워 몰래 고발할 문호를 크게 열어두었다. 그리고 혹리酷吏 후사지侯思止, 색원례索元禮, 주흥周興, 내준신來俊臣, 길욱吉頊 등을

〈적인걸(懷英)〉《三才圖會》

임용하였다. 이들은 단련라직鍛鍊羅織으로 많은 사람들에게 반역이라는 죄를 뒤집어씌웠는데, 이렇게 죽인 사람은 헤아릴 수 없었다. 이런 방법으로 천하를 재갈 물리고 통제하였지만, 한편 권모술수로 사람을 잘 이용하여 재주 있는 사람도 무후를 위해 쓰이기를 좋아하였다. 서유공徐有功 같은 이는 인정이 있고 법을 공정하게 집행하여 무후도 늘 자기의 생각을 굽혀 그의 의견을 따랐다.

무후는 장군과 대신도 사람을 많이 얻었으니 위원충魏元忠, 누사덕婁師德, 적인걸狄仁傑, 요원숭姚元崇은 모두 명재상이었다.

曌知人心不服, 且內行不正, 畏人議己, 盛開告密之門, 用酷吏侯思止·索元禮·周興·來俊臣·吉頊等. 鍛鍊羅織, 率以反逆誣人, 誅殺不可勝紀. 用此拑制天下, 然有權數善用人, 賢才亦樂爲之用. 徐有功仁恕執法, 曌每屈意從之. 將相多得人, 魏元忠·婁師德·狄仁傑· 姚元崇, 皆名相.

【羅織】무고한 자를 망라하여 죄로 얽음.(羅網無辜, 織成罪狀. ─원주)

⑼ 얼굴의 침이 마를 때까지 참아라

송경宋璟 역시 조정에서 이름난 사람이었으며 누사덕은 관후하고 청신하여 남이 범법을 해도 이를 따지지 않았다. 그의 아우가 대주代州자사에 제수되자 누사덕이 말하였다.

"우리 형제의 영화와 총애가 지나치게 성하면 남의 미움을 사게 된다. 어떻게 스스로 면하겠느냐?"

아우가 말하였다.

"지금부터 남이 얼굴에 침을 뱉더라도 이를 닦고만 있겠습니다."

누사덕은 추연히 이렇게 말하였다.

"이것이 바로 내가 걱정하는 바이다. 남이 네 얼굴에 침을 뱉는 것은 너에게 성이 나 있기 때문이다. 그런데 이를 닦고만 있다면 그 뜻을 거역하면서 그 노기를 겹치게 하는 것이다. 침은 닦지 않아도 저절로 마른다. 마땅히 웃으면서 이를 수용하여야 하느니라."

宋璟亦顯於朝, 師德寬厚淸愼, 犯而不校.
弟除代州刺史, 師德謂:「兄弟榮寵過盛, 人所疾也. 何以自免?」
弟曰:「自今人雖唾某面, 拭之而已.」
師德楸然曰:「此所以爲吾憂也. 人唾汝面, 怒汝也. 而拭之, 則逆其意而重其怒矣. 唾不拭自乾, 當笑而受之耳.」

(10) 누사덕婁師德

　누사덕은 매번 적인걸狄仁傑을 무후에게 추천하였건만 적인걸은 도리어
매번 누사덕을 헐뜯기만 하는 것이었다. 무후가 적인걸에게 말하였다.
"짐이 그대를 쓰는 것은 누사덕이 그대를 추천하였기 때문이오."
그러자 적인걸은 물러나 이렇게 탄식하였다.
"사덕의 성덕은 내가 그에게 용납된 지 오래였구나."

　師德每薦仁傑, 而仁傑每毁師德, 嬰語仁傑曰：「朕用卿, 師德
所薦也.」
　仁傑退而歎曰：「婁公盛德, 我爲所容久矣.」

(11) 혈통대로 하십시오

　무후의 조카 무승사武承嗣, 武三思가 자신이 태자가 되기를 여러 가지로
힘써 원하자 적인걸이 무후에게 조용히 말하였다.
　"태종께서는 즐풍목우櫛風沐雨하며 몸소 무기의 예봉을 무릅써 천하를
평정하고 이를 자손에게 물려주었습니다. 그리고 태제(고종)께서도
두 아들을 폐하께 부탁하셨습니다. 그런데 지금 황제의 위를 다른
혈통에 옮긴다는 것은 하늘의 뜻이 아니지 않습니까? 이모와 조카,
어머니와 아들 사이라면 어느 쪽이 더 가깝겠습니까? 폐하께서 태자를
세우신다면 폐하께서는 돌아가신 후 태묘太廟에 모셔져서 길이 자손들의
제사를 받으실 것이지 조카를 세운다면 조카가 천자가 되어 그 이모를
태묘에 제사지낸다는 말은 아직 들어보지 못하였습니다."

무후도 약간 깨닫기는 하였으나 이윽고 다시 적인걸이 힘써 권하여 마침내 방주房州에서 여릉왕廬陵王을 불러 서울로 돌아오도록 하여 황태자로 삼았으며, 아들 단李旦은 상왕相王으로 삼았다.

武承嗣三思, 營求爲太子, 仁傑從容言於曌曰:「太宗櫛風沐雨, 親冒鋒鏑以定天下, 傳之子孫. 太帝以二子託陛下. 今乃欲移之他族, 無乃非天意乎? 姑姪與母子孰親? 陛下立子, 則千秋萬歲後, 配食太廟, 立姪, 則未聞姪爲天子而祔姑於廟者也.」
　曌稍悟, 已而又力勸之, 遂自房州召廬陵王還都, 立爲皇太子, 以子旦爲相王.

【武承嗣三思】武는 성씨, 承嗣는 이름, 三思는 字이며 則天의 조카.
【櫛】빗.(梳也. ─원주)
【太帝】高宗을 가리킴.
【二子】李哲과 李旦.
【祔】합하여 함께 제사를 지내는 것을 祔라 함.(合祭曰祔. ─원주)
【房州】河南에 속함.

⑿ 천하의 도리桃李

적인걸은 무후에게 가장 믿음을 얻고 중용되어 그 얼굴에 직접 잘못을 꺾고 조정에서 쟁간하여 무후도 늘 자신을 굽혀 따르게 되었다. 이리하여 무후는 그를 국로國老라 칭하고 이름을 부르지 않았다. 그런 적인걸이 죽자 무후는 눈물을 흘리며 탄식하였다.

원행충元行沖은 박식다통하여 적인걸이 중히 여겼다. 원행충은 인걸에게 많은 규간을 하였으며 이렇게 말하였다.

"명공明公의 문하에는 진미가 많습니다. 청컨대 저는 약물의 가루 정도로 비축해 두시지요."

인걸이 웃으며 말하였다.

"내 자루 속에 있는 물건으로써 어찌 하루라도 약이 없이 살 수 있겠는가?"

요원숭姚元崇 등 수십 명은 모두가 적인걸이 추천한 사람이었다.

혹자가 이렇게 말하였다.

"천하의 도리桃李는 모두 공의 문하에 모여 있습니다."

적인걸이 말하였다.

"어진 사람을 추천하는 것은 나라를 위한 것이지 사사로움을 위해서가 아니다."

무후가 일찍이 인걸에게 물었다.

"훌륭한 선비 하나 얻어 쓰고 싶소."

인걸이 말하였다.

"장간지張柬之라는 사람이 있습니다. 비록 늙었지만 재상의 재능이 있습니다."

뒤에 무후는 마침내 장간지를 등용하여 재상으로 삼았다.

仁傑最見信重, 好面折廷爭, 瞾常屈從, 稱爲國老而不名.

仁傑卒, 瞾泣歎. 元行沖博學多通, 仁傑重之.

行沖多規諫, 曰:「明公之門珍味多矣. 請備藥物之末.」

仁傑笑曰:「吾藥籠中物, 何可一日無也?」

姚元崇等數十人, 皆仁傑所薦.

或曰:「天下桃李, 悉在公門矣.」

仁傑曰:「薦賢爲國非爲私也.」

曌嘗問仁傑:「欲得一佳士用之.」

人傑曰:「有張東之者, 雖老宰相才也.」

後竟用東之爲相.

⒀ 측천대성황제則天大聖皇帝

무후가 병이 들어 위중해지자 장간지는 최현휘崔玄暉, 경휘敬暉, 환언범桓彦範, 원서기袁恕己 등과 우림장군羽林將軍 이다조李多祚 등을 거느리고 거병하여 내란을 토벌하고는 황태자를 동궁에서 맞아 현무문玄武門 빗장을 잘라버리고 궁중으로 들어갔다.

그리고 장역지張易之와 장창종張昌宗을 복도에서 참수하고 무후를 상양궁上陽宮으로 옮겨 그를 올려 측천대성황제則天大聖皇帝라는 존호를 바쳤다.

曌寢疾甚, 東之與崔玄暉・敬暉・桓彦範・袁恕己, 率羽林將軍 李多祚等, 擧兵討內亂, 迎太子於東宮, 斬關入, 斬易之・昌宗 於廡下, 遷曌於上陽宮, 上尊號曰則天大聖皇帝.

【上陽宮】東都(낙양)의 禁苑 동쪽에 있으며 皇城의 西北과 연결되어 있음.

⑭ 무후武后가 죽다

이 해 겨울, 무후가 죽었다.(704년) 82살이었으며 당唐나라의 국호를 주周나라로 바꾼 지 16년 만이었다. 연호를 열 번 고쳐 천수天授, 여의如意, 장수長壽, 연재延載, 만세통천萬歲通天, 신공神功, 성력聖曆, 구시久視, 대족 大足, 장안長安이라 하였다.

是冬殂, 年八十二, 易唐爲周者十有六年. 改元者十: 曰天授·
如意·長壽·延載, 曰萬歲通天, 曰神功·聖曆·久視·大足·
長安.

【是冬殂】 측천무후는 臨朝한 지 22년 만에 죽음.《通鑑》에 의하면 측천은 죽으면서 帝號를 제거하고 后로 부르도록 조칙을 남겼다 함.(臨朝凡二十二年. 案通鑑: 則天旣殂, 遺制去帝號而稱后. -원주)
【改元者十】 앞의《紀年》에 의하면 의당 '十四'여야 함.(案前紀年, 當作十四. -원주)
【萬歲通天】 연호 명칭.(四字年號. -원주)
● 본 장의 사실에 대하여 胡氏는 무씨의 농단을 9가지 죄목을 들어 評하고 있다.
胡曰:「武氏之禍, 古所未有也. 張柬之諸人, 第知反正廢主, 而不能以大義處 非常之變, 爲唐室討罪人也. 武后以太宗才人, 蠱惑嗣帝, 一罪也; 狀殺主母皇后, 二罪也; 黜中宗, 幽而奪之. 三罪也; 殺君之子二人, 四罪也; 自立爲帝, 五罪也; 廢唐宗廟, 六罪也; 誅鋤宗室殆盡, 七罪也; 穢德彰聞, 八罪也; 尊用酷吏, 毒痡 四海, 九罪也. 兵旣入宮, 當先奉太子復位, 卽以武氏至唐太廟, 數其九罪. 稱高 祖太宗之命, 廢爲庶人而賜之死, 中宗不得與焉. 又取武姓王侯嘗用事, 肆虐 于唐之人者, 盡戮之. 然後足以慰在天之靈, 雪臣民之憤, 而天地之常經立矣. 惟其不能, 是以不旋踵, 韋氏肆行, 無所忌憚, 意可以爲常事也, 惜哉!」

⒂ 중종中宗의 복위와 위씨韋氏

장안長安 5년(705년), 중종中宗이 복위하여 국호를 당唐이라 하였다. 중종은 원래 즉위하였다가 두 달 만에 폐위당하고 균주均州에 1년, 방주房州에 13년을 있다가 돌아와 황태자가 되었다. 그리고 8년 뒤에 반정反正한 것이며, 위씨韋氏도 복위되어 황후가 된 것이다.

중종은 방릉 방주에 있을 때 매번 자살하고자 하였으나 황후 위씨가 그때마다 말렸다. 중종은 위씨와 사사로이 맹세하였다.

"훗날 다행히 햇빛을 보게 된다면 내 하고 싶은 일을 금하지 않으리다."

이때에 이르자 매번 중종이 조정에 나갈 때면 황후 위씨는 전상殿上의 휘장 뒤에 앉아서 조정의 정사에 참여하여 들어 고종 때의 무후와 같았다.

長安之五年, 帝復位, 號唐. 帝卽位二月而被廢, 居均州者一年, 居房州者十三年, 還爲太子者, 又八年, 而後反正.

韋氏復爲皇后. 上在房陵, 每欲自殺, 后每止之.

上與私誓:「異時幸復見天日, 惟所欲不禁.」

至是每臨朝, 后必旋帷幔坐殿上, 預聞朝政, 如武氏在高宗之世.

【均州】河南에 속함.
【反正】제위를 복위함을 반정이라 함.
【房陵】郡 이름으로 房州이다.

⒃ 안락공주安樂公主와 위황후韋皇后

중종의 딸 안락공주安樂公主가 무후의 조카 무삼사武三思의 아들과 결혼하였는데, 무삼사는 이로써 궁중에 드나들며 황후 위씨와 사통하였다.

위후가 무삼사와 쌍륙雙六놀이를 하면 중종은 이를 모르고 이들을 위해 그 점수를 계산하곤 하였다. 중종이 드디어 무삼사와 정치를 의논하게 되고 장간지長柬之 등은 무도 그의 지시를 받아야 했다. 이에 다섯 사람(長柬之, 崔玄暉, 敬暉, 桓彦範, 袁恕己)에게 각기 왕호王號를 내려 정치에 참여하지 못하게 하였다가 이윽고 이들을 멀리 귀양보낸 다음 죽여버렸다.

안락공주 등은 권세를 믿고 정치에 간섭하기 시작하여 청탁이나 알현에 뇌물을 받은 다음 먹으로 칙령이라 써서 비스듬히 봉하여 중서성中書省에 내려보냈다. 당시 이렇게 벼슬한 사람을 사봉관斜封官이라 불렀는데 이러한 사람이 수천 명이나 되었다.

어떤 사람이 글을 올려 위황후가 음란하다고 하자 중종은 그를 면전에서 힐난하였다. 그가 대들며 굽히지 않자 중서령 종초객宗楚客이 거짓 중종의 어명이라 일컫고 쳐죽여 버렸다.

上女安樂公主, 適武三思之子, 三思以是得入宮禁, 通於韋后. 后與三思雙陸, 而上爲點籌, 上遂與三思圖議政事, 張柬之等 皆受制. 五人皆賜王爵而罷政, 已而遠貶殺之.

安樂公主等依勢用事, 請謁受賕, 降墨敕除官, 斜封付中書, 時謂之斜封官, 凡數千人. 人有上言, 皇后淫亂, 上面詰之, 其人 抗言不撓, 中書令宗楚客, 矯制撲殺之.

【安樂】 邑이며 環州에 속한다.

【武三思之子】 武崇訓이다.

【雙陸】 도박의 일종으로 저포와 비슷하다 함.

【五人】 張柬之, 崔玄暉, 敬暉, 桓彥範, 袁恕己 등 다섯 명으로 모두 武氏의 난을 평정한 자들임.

✹ 《通鑑》에는 다음과 같이 평하였다.

通鑑:「神龍元年, 武三思與韋后, 日夜譖暉等, 恃功專權, 將不利社稷, 因爲畫策, 不若封暉等爲王, 罷其政事, 外不失尊功臣, 內實奪之權. 上以爲然. 以敬暉爲平陽王, 彥範爲扶陽王, 柬之爲漢東王, 恕己爲南陽王, 玄暉爲博陵王. 罷知政事. 二年, 又使鄭愔告暉等, 與王同皎嘗坐謀殺三思, 廢皇后之事者通謀, 貶暉崖州司馬, 彥範瀧州司馬, 柬之新州司馬, 恕己竇州司馬, 玄暉白州司馬. 是秋, 三思陰令人疏皇后穢行, 榜於天津橋, 請加廢黜. 上怒, 命覈其事, 奏言敬暉等使人爲之. 上乃長流暉於瓊州, 彥範瀼州, 柬之瀧州, 恕己環州, 玄暉右州, 已而三思尋矯制殺之.」

【墨敕】 詔敕을 뜻함.

【宗楚客】 宗은 성씨이며 楚客은 이름.

⒄ 중종中宗을 독살하다

중종이 분하게 생각하자 위황후와 그 일당도 겁을 먹기 시작하였다.
마진객馬秦客과 양균楊均 등도 모두 위황후에게 총애를 받은 터라 일이 누설될까 두려워하였다.

안락공주 역시 위황후가 임조臨朝하고 자신은 황태녀皇太女가 되고자 하여 이에 서로 공모하여 떡 속에 독약을 넣어 중종에게 바쳤다.

중종은 복위되고 나서 연호를 두 번 고쳐 신룡神龍, 경룡景龍이라 하였으며, 경룡 4년(710년)에 시해를 만난 것이다. 위황후는 중종의 넷째아들 온왕溫王 중무李重茂를 세우고 자신은 섭정하였다.

상왕相王의 아들 융기李隆基가 기병하여 난을 토벌하여 위황후와 안락공주를 참수하였으며 아울러 그 일당을 모두 주살하였다. 그리고 이중무를 폐하고 상왕을 받들어 천자로 삼았다.(710년) 이가 예종황제睿宗皇帝이다.

上意快快, 后及其黨始懼. 馬秦客·楊均, 皆幸於后, 恐事泄.
安樂公主亦欲后臨朝, 以己爲皇太女. 乃相與謀, 於餠餤中進毒.
上復位改元者二: 曰神龍, 景龍. 景龍四年而遇弑. 立溫王重茂,
后攝政. 相王子隆基, 起兵討亂, 斬后及安樂公主, 并其黨皆誅之.
廢重茂, 奉相王立之, 是爲睿宗皇帝.

【馬秦客】馬는 성씨이며 秦客은 이름.
【遇弑】《通鑑》에 의하면 中宗은 모두 6년간 재위하였음.
【重茂】中宗의 넷째아들 李重茂.

5. 睿宗皇帝

🌐 睿宗. 唐나라의 제5대 황제.
李旦. 710년~712년 재위.

722 예종황제睿宗皇帝

예종황제는 이름이 단李旦이다. 처음 고종高宗이 죽고 중종中宗이 폐위
되고 나서 측천무후가 단을 세워 천자로 삼아 7년 동안 황제의 자리에
있었다. 그러나 폐위되고 무후가 국호를 바꾼 주周나라 황태자로 9년을
있다가 다시 상왕相王으로 고쳐 봉하여 10년을 지냈으며, 이때에 이르러
다시 황제로 복위된 것이다.

예종은 융기隆基로 황태자로 삼고 종경宗璟, 요원지姚元之 두 사람에게
정치를 맡겼다. 두 사람은 협심하여 폐정을 개혁하고 충량忠良한 자를
추천하며 불초한 자를 물리치는 등 상벌을 모두 공정하게 하였다.
이에 청탁이 사라졌고 기강이 다시 바르게 세워졌다. 이리하여 당시
흡연翕然히 만족하였다.

축흠명祝欽明 등을 좌천시켰다. 축흠명이 일찍이 팔풍무八風舞를 쳤을
때 사람들은 이렇게 말하였었다.

"오경五經으로 땅을 쓸고 있다."

睿宗皇帝:

名旦, 初高宗崩, 中宗廢, 武氏立旦, 爲帝者七年矣. 而廢爲周皇

嗣者九年, 改封相王者十年, 至是復爲帝. 立隆基爲太子, 宋璟·
姚元之爲政. 二人協心革弊政, 進忠良退不肖, 賞罰盡公. 請託
不行, 紀綱脩擧. 當時翕然. 貶祝欽明等.

欽明嘗爲八風舞, 人曰:「五經掃地矣.」

● 원주의 기록은 다음과 같다.
筌蹄는 "欽明은 이때 國子祭酒가 되어 연회에서 술을 마시면서 눈을 돌리며
머리를 흔드는 등의 형상을 지어 팔방의 풍화를 상징하였다"라 함. '오경으로
땅을 쓸다'는 것은 오경을 욕되게 했다는 말임.(筌蹄:「欽明時爲國子祭酒,
因飮宴而舞轉目搖頭, 以象八方之風.」 五經掃地, 言爲五經之辱也. -원주)

723 태평공주太平公主

예종의 누이 태평공주太平公主는 장역지張易之와 장창종張昌宗 형제를 주살할 때와 위씨韋氏를 주살할 때 모두 힘을 썼었다. 이미 이렇게 여러 번 큰 공을 세워 세력도 있고 존경을 받는 중한 위치가 되었다.

예종이 일찍이 그와 정치에 관한 논의를 하게 되어 그의 권세는 천자를 뛰어넘을 정도였으며 그 문전은 마치 저자와 같았다.

공주는 태자隆基의 영특하고 무위가 있음을 꺼려하여 태자를 바꾸고자 하였지만 위안석韋安石, 송경宋璟, 장열張說, 요원지姚元之 등이 임금에게 이를 알아차리도록 한 덕분에 도리어 정치는 모두 태자가 처분하고 결제하게 되었다.

예종은 복위하여 연호를 두 번 고쳐 경운景雲, 태극太極이라 하였다. 태극 3년에 이르러 태자에게 물려주고(712년) 자칭 태상황太上皇이라 하였으며, 새로 왕이 된 이가 현종명황제玄宗明皇帝이다.

帝妹太平公主, 於誅二張誅韋氏時皆有力, 旣屢立大功勢尊重. 上嘗與議政, 權傾人主, 其門如市. 憚太子英武, 欲易之, 賴韋安石‧宋璟‧張說‧姚元之等, 感悟上意. 政事皆取太子處分.

上自復爲帝, 改元者二, 曰景雲‧太極. 至是三年, 自稱太上皇, 傳位於太子, 是爲玄宗明皇帝.

【二張】張易之와 張昌宗.
【勢】《通鑑》에는 '益'으로 되어 있음.
【景雲太極】《紀年》에 "다시 延和라 고치고 先天으로 고쳤다"라 함.(案紀年: 又改延和改先天. -원주)

6. 玄宗明皇帝

◉ 玄宗. 唐나라의 제6대 황제.
李隆基. 712년~756년 재위.

724 현종명황제玄宗明皇帝

현종명황제는 이름이 융기李隆基이며
처음에 임치왕臨淄王이 되었다가 위황후
韋皇后의 난이 일어나자 몰래 재주 있고
용기 있는 사람을 모아 비밀리에 다시
황실을 바로잡아 회복할 것을 모의하였다.

태종이 처음에 효용驍勇의 기마병 백
명을 뽑아 두었었는데 무후가 천 명으로
늘려 좌우左右 우림羽林에 소속시켜 놓았
었다. 중종은 이를 만기라 하여 총수를
두어 거느리게 하였었다.

융기는 이들을 후하게 대접하여 그 중
호걸들과 결탁하여 마침내 위씨를 주살

〈당 현종〉(李隆基)《三才圖會》

하고 아버지 예종을 받들게 되었으며 자신은 평왕平王이 되었던 것이다.

예종이 장차 태자를 책봉하려 하자 맏아들 성기(李成器는 평왕융기)가
공로가 있다고 여겨 사양하였다. 그리하여 드디어 융기가 태자가 되고
얼마 후 아버지로부터 천자 자리를 선양 받게 된 것이었다.(712년)

玄宗明皇帝: 名隆基, 初爲臨淄王, 韋氏之亂, 陰聚才勇之士,
密謀匡復. 太宗初選驍勇爲百騎, 武后增爲千騎, 隸左右羽林.
中宗謂之萬騎, 置使領之. 隆基皆厚結其豪傑, 卒誅韋氏奉睿宗,
封爲平王. 睿宗將建儲嫡.

長子成器, 以平王有功力讓之, 遂爲太子, 尋受禪.

【建儲】태자를 세움.(建立儲太子也. －원주)

725 환관이 3천 명이나 되다

개원開元 원년(713년), 고력사高力士가 우감문장군右監門將軍이 되어 내시성內侍省의 일도 관장하게 되었다.

처음에 태종太宗이 제도를 정하였을 때 내시성에는 삼품三品 이상의 관원을 두지 않았다. 이곳의 관리는 모두 황의黃衣를 입었으며 창고의 양식을 공급하고 문을 지키는 일과 명령 전달 등을 하는 낮은 직위였을 뿐이었다.

이때에 이르러 삼품이 장군으로 임명된 자가 점차 많아지고 환관은 3천 명으로 늘어났다. 내시의 세력이 강해지기 시작한 것이 이때부터 비롯된 것이다.

○ 開元元年, 高力士爲右監門將軍, 知內侍省事. 初太宗定制, 內侍省不置三品官. 黃衣稟食, 守門傳命而已. 至是除三品將軍者寖多, 宦官增至三千人, 內侍之盛始此.

【內侍】환관(宦官).
【不置三品】환관은 삼품관으로 배치할 수 없음.(宦官不得置爲三品官. ─원주)

726 요숭姚崇

요숭姚崇이 자미령紫微令이 되었다.

○ 姚崇爲紫微令.

【姚崇】 원래 요원지(姚元之). 개원의 존호를 피하여 이름을 崇으로 고침.(卽元之, 避開元尊號, 改名崇. −원주)

【紫微令】 玄宗이 中書省을 紫微省으로 고쳤으며, 令은 中書令을 가리킴.(玄宗改中書省曰紫微省, 令中書令也. −원주)

727 이원제자梨園弟子

　2년(714년), 현종은 태상시太常寺에서 속악俗樂까지 맡아보는 것은 마땅치 않다고 여겨 좌우의 교방教坊을 두었는데 이들을 황제의 이원제자梨園弟子라 불렀다.

　○ 二年, 以太常不應併典俗樂, 置左右教坊, 謂之皇帝梨園弟子.

【俗樂】俳優의 잡기를 뜻함.(俳優雜伎. ―원주)
【左右教坊】中官을 시켜 관리토록 하여 이로부터 태상의 예속을 벗어났음.(以中官爲之使, 自是不隸太常. ―원주)
【梨園弟子】처음 隋나라 때의 法曲이 있었는데 그 소리가 맑으면서 아름다워 명황이 이를 좋아하였다. 그리하여 坐部의 伎人子弟 3백을 뽑아 梨園에서 이를 가르치도록 하였으며 이를 황제의 梨園弟子라 불렀다.(初隋有法曲, 其聲清而近雅. 明皇愛之, 選坐部伎子弟三百, 教於梨園, 號皇帝梨園弟子. ―원주)
● 梨園弟子에 대하여 胡氏는 이렇게 평하였다.
胡曰:「玄宗謂太常不應典倡優雜伎是也, 而更置坊監, 盛選女工以實之. 此則煬帝之爲也.」

728 사치품을 태워 없애다

현종은 주옥珠玉과 비단 따위의 사치품을 대궐 앞에 쌓아 놓고 태워 버렸다.

○ 焚珠玉錦綉於殿前.

※ 원주의 기록은 다음과 같다.

《通鑑》:「上以風俗奢靡制乘輿服御, 金銀器玩, 宜令有司銷毀, 以供軍國之用. 其珠玉錦繡, 焚於殿前. 后妃以下, 皆毋得服珠玉錦繡, 其織成錦繡聽染爲皂, 自今天下, 更毋得采珠玉, 織錦繡等物, 違者杖一百, 罷兩京織錦坊.」

※ 본 장에 대한 司馬光의 史評은 다음과 같다.

司馬溫公曰:「明皇始欲爲治, 能自刻厲節儉如此. 晚節猶以奢敗, 甚哉! 奢靡之易以溺人也. 詩曰:『靡不有初, 鮮克有終.』可不愼歟!」

729 궁궐과 누각을 짓다

　흥경궁興慶宮을 짓고, 누각樓閣을 세워 서쪽을 화악상휘花樂相輝, 남쪽 누각을 근정무본勤政務本이라 하였다. 송왕宋王 성기李成器 등의 저택이 그 곁을 둘러싸고 있었다.

　○ 作興慶宮置樓, 西曰花萼相輝, 南曰勤政務本. 宋王成器等 宅環其側.

【花萼相輝】萼은 꽃을 받치는 꽃받침이다. 花萼이 서로 비춘다는 것은《시경》 棠棣之華에서 취한 것으로 형제 사이에 즐겁게 잔치를 여는 것을 뜻하여 이로써 누각 이름을 지은 것이다.(萼, 花跗承花者也. 花萼相輝, 取詩棠棣之華. 萼不韡韡 燕飲兄弟之意, 以名樓也. -원주)

730 반식재상伴食宰相

개원 3년(715년), 노회신盧懷愼이 황문감黃門監이 되었다. 노회신은 청렴
하고 신중하며 검소하여 처자가 기한을 면치 못하였고, 그의 집은
비바람도 제대로 막지 못할 지경이었다.

요숭姚嵩이 일찍이 십여 일의 휴가를 고하고 집으로 돌아가니, 사무가
쌓이고 밀려 노회신은 이를 결재할 수가 없었다.

그런데 요숭이 출근하여 잠깐 사이에 이 결재를 모두 마치고 나서
부하 제한齊澣들 돌아보며 물었다.

"재상으로서의 내 솜씨가 어떤가?"

제한이 말하였다.

"때를 구제하는 재상이라 말할 수 있습니다."

노회신은 자신의 재능이 요숭에게 미치지 못함을 알고 매사에 요숭을
추천하였다. 이리하여 세상에서는 노희신을 '반식재상伴食宰相'이라
하였다.

○ 三年, 盧懷愼爲黃門監. 懷愼淸謹儉素, 妻子不免饑寒, 所居
不蔽風雨. 姚崇嘗謁告十餘日, 政事委積懷愼不能決.

崇出, 須臾裁決盡, 顧謂齊澣曰:「我爲相何如?」

澣曰:「可謂救時之相.」

懷愼知才不及, 每事推崇, 時謂之伴食宰相.

【黃門監】開元 元年에 門下省을 黃門省으로 바꾸고 侍中을 監이라 하였다.
【謁告】휴가를 고하고 집으로 돌아감.(請休告歸. —원주)
【齊澣】紫微省의 舍人.

731 요숭姚崇과 송경宋璟

4년(716년), 요숭姚崇이 파직
되고, 송경宋璟이 황문감黃門
監이 되었다. 송경은 재상이
되어 인물을 선택하여 쓰기
에 힘을 기울여 백관은 모두
그에 맞는 직무를 수행할 수
있었다. 송경은 천자의 기색
을 범하여 바르게 간언하기도
하여 현종도 그를 매우 공경
하면서도 또한 꺼렸다.

〈요숭(元之)〉《三才圖會》

송경과 요숭은 서로 이어
정치를 행하였다. 요숭은
임기응변에 뛰어났고, 송경
은 법률을 지키는데 뛰어나
서로 지조는 달랐지만 마음
을 합해 보좌하였다.

세금과 부역을 너그럽고
공평하게 하였으며, 형벌은
깨끗하고 줄여 처리하여 백
성들은 부유해지고 늘었다.

〈宋璟(廣平)〉《三才圖會》

당대唐代의 어진 재상으로서 전에는 방현령房玄齡과 두여회杜如晦를
칭하였고 뒤에는 요숭姚崇과 송경宋璟을 칭할 정도였으며, 그 나머지는
이 두 사람에게 비교가 되지 않았다. 이에 두 사람이 들어와 황제를
뵙게 되면 황제는 곧바로 일어나 이들을 맞았으며, 물러날 때면 헌문軒門
까지 나와 이들을 전송하였다.

○ 四年, 姚崇罷, 宋璟爲黃門監. 璟爲相, 務擇人, 百官各得其職.
好犯顏正諫, 上甚敬憚之. 璟與姚崇相繼爲政, 崇善應變, 璟善
守文, 志操不同, 然協心輔佐, 使賦役寬平, 刑罰淸省, 百姓富庶.
　　唐世賢相, 前稱房杜, 後稱姚宋, 佗莫得比. 二人每進見, 上輒
爲之起, 去則臨軒送之.

【姚崇罷】《通鑑》에 "主書 趙誨가 요숭에게 신임을 받고 있었는데 그가 뇌물을
받은 것이 발각되어 추궁 끝에 사형에 해당하게 되었다. 이에 요숭이 이를
구해주자 황제가 불쾌히 여겼다. 마침 京城에 사면령을 잘못 내린 것이 있어
측령으로 당시 조회에게 곤장 1백을 내리게 하고 嶺南으로 유배시켜버렸다.
요숭이 이로써 근심과 울분이 생겨 재상의 자리를 떠나기를 청하였고 宋璟이
대신하게 된 것이다"라 함.(主書趙誨, 爲崇所親信, 受賂事覺, 鞫問當死. 崇復營救,
上不悅. 會曲赦京城, 敕時標誨, 各杖一百, 流嶺南. 崇由是憂懼, 請避相位, 薦璟自代.
－원주)

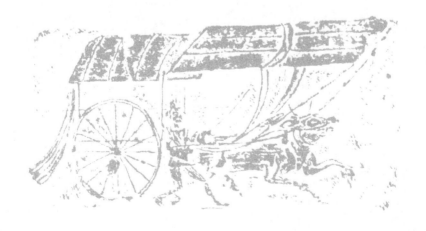

732 송경을 파직시키다

8년(720년), 송경이 파직되었다.

○ 八年, 宋璟罷.

733 너무 각박합니다

9년(721년), 우문융字文融이 말하였다.

"천하에 호구를 도피시키고 이적하여 교묘하게 거짓으로 의무를 피하는 자가 심히 많사오니 청컨대 조사를 강화하시기 바랍니다."

동평장사同平章事 원건요源乾曜가 이에 찬성하여 우문융을 권농사勸農使로 삼고 권농판관勸農判官 10여 명을 두기를 상주하였다. 그런데 이들을 천하에 나누어 보내자 이들은 경쟁하듯이 각박하고 급하게 굴었다. 각 주와 현에서도 이 풍조를 이어받아 노고롭고 시끄럽게 하여 백성들이 고통을 당하였다.

○ 九年, 宇文融言:「天下戶口逃移, 巧僞甚衆, 請加檢括.」
同平章事源乾曜贊成之, 以融爲勸農使, 奏置勸農判官十人.
分行天下, 競爲刻急. 州縣承風勞擾, 百姓苦之.

734 농병農兵을 함께

동삼품同三品 장열張說이 장사壯士를 모집하기를 건의하여 10일 동안에
정병 13만을 얻었다. 이들을 여러 위衛에 나누어 예속시키고 교대해서
서울로 오르내리며 지키게 하였다. 병사와 농민이 나뉜 것은 이때부터
비롯된 것이다.

○ 同三品張說, 建議召募壯士, 旬日得精兵十三萬. 分隷諸衛,
更番上下. 兵農之分始此.

【觀農使】농지를 심사하는 관직.(官掌覈田. -원주)
【同三品】太宗 때 李勣이 太子詹事로써 中書, 門下의 三品을 함께하며 이를
　同侍中中書令이라 하였는데 '同三品'이란 명칭은 여기서 비롯된 것이다.
【上下】차례대로 순서를 나누어 교체함. 상은 숙위를, 하는 귀가를 뜻함.(分次更替.
　上謂宿衛, 下謂歸家. -원주)

735 확기彍騎

13년(725년), 장종숙위長從宿衛를 확기彍騎로 바꾸도록 하였다.

○ 十三年, 更命長從宿衛爲彍騎.

【彍騎】彍은 음이 '확'(霍)이다. 彍은 활을 당긴다는 뜻이다. 府의 兵法이 무너지자 張說이 宿衛를 募兵으로 하기를 청하여 이름을 '彍騎'라 불렀다.(彍音霍, 彍張弩也, 府兵法壞, 張說請募兵宿衛, 更號彍騎. ─원주)

736 내 몸이 마를수록 천하는 살찐다

21년(733년), 한휴韓休가 동평장사가 되었다. 한휴는 사람됨이 곧고 올곧았다. 현종은 혹 연회나 놀이에 조금이라도 자신의 과실이 있으면 문득 좌우에게 이렇게 말하였다.

"한휴가 알고 있느냐?"

말이 끝나기 무섭게 한휴의 간하는 상소가 이미 도착하는 것이었다. 좌우는 이렇게 말하였다.

"한휴가 재상이 되고 나서 폐하께서는 예전보다 훨씬 수척해지셨습니다."

현종은 이렇게 감탄하였다.

"나는 비록 수척해졌지만 천하는 살쪘다."

한휴가 사직하고 장구령張九齡이 뒤를 이었다.

○ 二十一年, 韓休同平章事. 休爲人峭直.

上或宴遊小過, 輒謂左右曰:「韓休知否?」

言終諫疏已至.

左右曰:「休爲相, 陛下殊瘦於舊.」

上歎曰:「吾雖瘠, 天下肥矣.」

休罷, 張九齡繼之.

【休罷】韓休가 蕭嵩과 불화를 일으키자 파직한 것임.(韓休以與蕭嵩不協而罷. −원주)

737 이임보李林甫의 등장

22년(734년), 장구령張九齡
이 중서령中書令이 되고, 이
임보李林甫가 동삼품同三品이
되었다. 이임보는 부드럽고
말을 교묘히 꾸며 교활한 술
수를 많이 부렸다. 그리하여
환관과 비빈妃嬪들의 집안과
깊이 결탁하여 현종의 동정
을 탐지, 황제에 대하여 알고
있지 않은 것이 없었다.

〈張九齡〉(子壽) 《三才圖會》

이로 말미암아 매번 임금께 상주하거나 대답할 때면 항상 황제의
뜻에 꼭 맞도록 하였다.

○ 二十二年, 九齡爲中書令, 李林甫同三品. 林甫柔佞多狡數.
深結宦官及妃嬪家, 伺上動靜, 無不知之. 由是每奏對, 常稱旨.

【狡數】 교활하고 술수에 능함.(狡猾術數. -원주)
✾ 본장의 李林甫의 교활 간사함을 呂氏는 전국시대 商鞅과 비교하여 혹독하게
비판하고 있다.
呂曰:「商鞅見孝公, 初說以帝, 中說以王, 終說以霸, 期於必售而後已. 此世之
君子, 所以賤其挾術用數也. 雖然, 鞅之術數, 不過雜陳其說, 秦孝公自擇而用之
非有大姦大狡之計, 以取必於其君也. 若林甫, 可謂大姦大狡者矣. 觀其深結
宦官妃嬪, 伺上動靜, 無不知者. 由是每奏稱旨, 以至爲相, 此則商鞅之所不爲也,
而林甫爲之, 益可賤也已.」

738 안록산安祿山에게는 반역의 상이 있습니다

24년(736년), 유주幽州 절도사節度使 장수규張守珪가 패배한 장군 안록산安祿山을 잡아 경사로 호송하자 장구령은 이렇게 말하였다.

"장수규의 군령軍令이 제대로 행해졌다면 안록산은 의당 죽음을 면하지 못하였을 것입니다."

그럼에도 현종이 안록산의 재주와 용맹을 아까워하여 그를 사면하려 하자 장구령이 말하였다.

"안록산에게는 반역의 상이 있습니다. 주살하지 않았다가는 반드시 후환이 될 것입니다."

현종은 말하였다.

"경은 옛날 왕이보王夷甫가 석륵石勒의 모반을 알아본 것으로써 충량한 사람을 해치는 일은 하지 마시오."

현종은 마침내 그를 주살하지 아니하였다.

안록산은 원래 영주營州의 잡호雜胡 출신이었다.

처음 이름은 아락산阿犖山이었는데 어머니가 안씨安氏에게 개가하여 그로 인해 성을 안安씨로 멋대로 한 것이다. 그 곳 부락들이 깨어져 안록산의 마을로 흩어져 오자 안록산의 교활한 지혜가 그곳 유주절도사 장수규에게 사랑을 받게 되었다. 또 사솔우史窣干라는 자가 있었는데 안록산과 같은 고향 사람이었다. 이 역시 무용이 뛰어나 장수규는 그를 나라에 공문을 바치는 일에 파견하게 되었다. 현종은 그에게 사명思明이라는 이름을 하사하였다.

○ 二十四年, 幽州節度使張守珪, 執敗軍將安祿山送京師, 張九齡批曰:「守珪軍令若行, 祿山不宜免死.」

上惜其才勇赦之, 九齡力爭曰:「祿山有反相, 不誅必爲後患.」

上曰:「卿勿以王夷甫識石勒, 枉害忠良.」

竟不誅.

祿山本營州雜胡也. 初名阿犖山, 母再適安氏, 故冒其姓. 部落
破散逃來, 狡黠爲守珪所愛. 又有史窣于者, 與祿山同里閈, 亦驍
勇守珪遣入奏事, 上賜名思明.

【節度使】備邊의 夷狄을 撫綏하는 일을 관장하는 관직으로 太宗은 조칙을 내려
宗室의 勳舊로 이들을 삼되 大故가 있지 않으면 그 子孫들에게 물려줄 수 있으며
黜免하는 일도 없이 보장하였다.(官掌備邊撫綏夷狄, 太宗詔以宗室勳舊爲之.
非有大故, 貽厥子孫, 無或黜免. -원주)

【安祿山】《通鑑》에 의하면 張守珪가 안록산으로 하여금 奚部와 契丹의 반란자를
토벌하도록 하였다. 안록산이 자신의 용맹을 믿고 가볍게 쳐들어갔다가 그들에게
패배하자 장수규가 안록산을 참수하도록 주청하였다.(案通鑑: 守珪使祿山討奚
契丹叛者, 祿山恃勇輕進, 爲虜所敗, 守珪奏請斬之. -원주)

【王夷甫識石勒】본《십팔사략》(卷三. 418)의 晉懷帝 아래를 보라.

❋ 안록산의 처단을 玄宗이 거부한 이유에 대하여 胡氏는 이렇게 설명하고
있다.

胡曰:「祿山敗軍, 其罪應誅. 九齡直以爭論, 其理自勝. 乃言未來之事, 斷其後患.
是故玄宗拒之.」

❋ 蘇東坡는 안록산을 처단하지 않은 것을 이렇게 평하고 있다.

蘇子曰:「祿山有死罪, 明皇不能案法行辟, 而以王夷甫識石勒爲言, 是謂保養
姦邪, 愎違忠諫, 安得爲盛德邪?」

【營州】遼西에 속한다.

【阿犖山】돌궐 말로 전투의 신을 '阿犖山'이라 하며 '犖'은 음이 '락'이다.《신당서》와
《구당서》에는 '阿'자를 모두 '軋'자로 썼다. 안록산의 본성은 康이며 어머니는
阿史德으로 무당인데 돌궐에 살고 있었으며 아들 낳기를 빌어 알락산(軋犖山)을
낳았다. 그가 태어날 때 빛이 그 천막을 비추었고 들짐승이 모두 울어 그 기를
본 자들이 상서롭다고 하였다. 이에 范陽節度使 張仁愿이 그 천막을 탐색하여
모두 죽였으나 그는 숨어 화를 면하였으며 어머니는 신명이라 여겨 드디어
그의 자를 軋犖山이라 하였다.(突厥所謂鬪戰神者, 犖呂角切, 新舊書: 阿皆作軋.

祿山本姓康, 母阿史德, 爲覡居突厥中, 禱子軋犖山. 及生有光照穹旁, 野獸盡鳴, 望氣者言其祥. 范陽節度使張仁愿, 探廬帳欲盡殺之, 匿而免. 母以神所命, 遂字軋犖山. —원주)

【狡黠】 교활한 지혜를 뜻함.

【窣】 '솔'로 읽음.(音損入聲. —원주)

【閈】 동네의 이문을 閈이라 함.(里門曰閈. —원주)

739 천추절千秋節

천추절千秋節에 여러 신하들이 모두 임금에게 보경寶鏡을 바쳤다. 그러나 장구령은 옛날 흥망 성쇠를 서술하여《천추금감록千秋金鑑錄》 5권을 지어 바쳤다.

○ 千秋節, 羣臣皆獻寶鏡. 九齡述前世興廢, 爲千秋金鑑錄五卷上之.

【千秋節】玄宗의 生日.
❋ 원주의 기록은 다음과 같다.
《通鑑》에 "開元 17년(729년) 8월 癸亥일에 현종이 花萼樓 아래에서 백관들을 모아 생일 잔치를 열었다. 그 때 丞相이 표를 올려 매년 8월 5일을 千秋節로 삼아 천하에 선포하여 모두 잔치를 열어 즐기도록 하였다"라 함.
(通鑑: 開元十七年八月癸亥, 上以生日宴百官於花萼樓下. 丞相表請, 以每歲八月五日, 爲千秋節, 布於天下, 咸令宴樂.)

740 현종玄宗이 점차 사치에 빠지다

장구령이 파직하고 이임보李林甫가 중서령中書令을 겸하여 재상이
되었다. 현종은 오랫동안 제위에 있어 점차 사치와 욕구대로 하기
시작하였다. 이임보가 드디어 정치를 전횡하게 되었다.

○ 九齡罷, 李林甫兼中書令. 上在位久, 漸肆奢欲. 林甫遂得
專政.

● 원주의 기록은 다음과 같다.
《通鑑》에 "처음에 현종이 李林甫를 재상으로 삼고자 張九齡에게 묻자 장구령
은 '재상은 나라의 안위에 관련된 일로 폐하께서 이임보를 재상으로 삼으시면
뒤에 사직의 우환이 될까 걱정입니다'라 대답하였다. 임금은 이를 따르지
않았으며 이임보는 이를 미워하였다. 그 때 현종은 점차 사치에 빠지자
장구령은 극력 간쟁하였으며 현종은 불쾌히 여겼고 이임보는 교묘하게 현종의
뜻을 엿보아 날로 장구령을 중상할 생각을 하였다. 그리하여 이때에 이르러
嚴挺에게 잘 해준 것을 죄로 삼아 그를 처단할 것을 청하였고 현종은 장구령이
그들의 阿黨이라 여겨 파직시킨 것이다"라 하였다. 자세한 내용은 玄宗
開元 24년(736년)을 보라.(通鑑:「初上欲以林甫爲相, 問於九齡, 對曰:『宰相
繫國安危, 陛下相林甫, 臣恐異日爲社稷之憂.』上不從, 林甫疾之. 時上漸
奢欲, 九齡力爭, 上不悅. 林甫巧伺上意, 日思所以中傷之. 至是以所善嚴挺之
爲罪人請屬, 上以九齡爲阿黨, 罷政.」事詳見玄宗開元二十四年.)

741 태자를 세우다

26년(738년), 충왕忠王을 세워 태자로 삼았다.

○ 二十六年, 立忠王爲太子.

【忠王】 玄宗의 셋째아들.

742 교묘한 안록산

29년(741년), 안록산을 영주營州 도독에 임명하였다. 녹산은 교묘한 쪽으로 기울어 남을 잘 섬겼다. 임금의 측근이 자신의 임지 평로平盧에 오면 모두에게 많은 뇌물을 주어 이들은 돌아와서는 안록산을 칭찬하였다. 현종은 더욱 그를 훌륭한 사람이라 여겼다.

○ 二十九年, 以安祿山爲營州都督. 祿山傾巧善事人, 上左右 至平盧, 皆多賂, 歸譽之. 上益以爲賢.

【平盧】漁陽에 있는 城 이름.

743 안록산이 절도사가 되다

천보天寶 원년(742년), 안록산이 평로平盧의 절도사節度使가 되었다.

○ 天寶元年, 以祿山爲平盧節度使.

744 안록산이 입조하다

2년(743년), 안록산이 입조하였다.

○ 二年, 祿山入朝.

745 연年을 재載로 바꾸어 부르다

3년(744년), 연年을 재載로 고쳤다.

○ 三年, 改年曰載.

746 안록산이 두 곳의 절도사를 겸하다

안록산으로 하여금 범양范陽절도사를 겸하게 하였다.

○ 以祿山兼范陽節度使.

【范陽】汾州를 范陽節度라고도 불렀다.(원주)

747 양귀비楊貴妃의 등장

　4년(745년), 양태진楊大眞을 귀비貴妃로 삼았다. 그는 촉주蜀州 사호司戶 현염玄琰의 딸이었다. 황제의 아들 수왕壽王, 李瑁의 비妃가 된 지 10년이나 되어 있었다. 그런데 현종은 그의 아름다움을 보고, 그로 하여금 스스로 여관女官이 되기를 원한다고 청하게 하였으며, 아울러 수왕을 위해서는 따로 장가들게 한 다음 그를 맞아들였던 것이다. 드디어 그는 현종의 총애를 독차지하게 되었다.

　○ 四載, 以楊大眞爲貴妃. 故蜀州司戶玄琰女也. 爲上子壽王妃十年矣. 上見其美, 令自以其意乞爲女官, 且爲壽王別娶, 而後納之, 遂專寵.

【蜀州】四川에 속하며 지금의 崇慶州이다.
【司戶】佐部를 관장하는 관직.
【壽王】이름은 瑁(李瑁).

〈明皇納凉圖〉 唐 張萱(그림)

748 안록산이 양귀비의 양자가 되다

6년(747년), 안록산은 어사대부
御史大夫를 겸하였다. 안록산은 양
귀비의 아들이 되기를 청하였다.

9년(750년), 현종은 안록산에게
동평군왕東平郡王의 작호를 내리고,
하북도채방처치사河北道採訪處置使
를 겸하게 하였다.

안록산이 입조할 때면 양쇠楊釗와
안록산의 형제 자매가 된 자들이
모두 희수戲水까지 나가 맞이하곤
하였다. 양쇠는 양귀비의 종조從祖
오빠로써 대궐에 드나들게 된 사람
이다.

이에 앞서 양쇠는 판탁지判度支
로써 내탕內帑의 창고가 가득 찼노라

〈楊貴妃〉

여러 차례 상주하였으며, 그때마다 현종은 군신을 거느리고 이를 관람
하였다. 이로부터 현종은 금과 비단을 분토糞土처럼 천히 여겨 포상과
하사에 한계가 없었다. 양쇠에게 국충楊國忠이라는 이름을 하사하였다.

○ 六載, 以祿山兼御史大夫. 祿山請爲楊貴妃兒.

九載, 賜祿山爵東平郡王, 兼河北道採訪處置使. 祿山入朝,
楊釗兄弟姊妹, 皆往戲水迎之. 釗貴妃之從祖兄也, 得出入禁中.

先是判度支屢奏, 帑藏充物, 上帥羣臣觀之. 由是視金帛如
糞土, 賞賜無限. 賜釗名國忠.

【從祖兄】 증조가 같은 형.(同曾祖之兄. −원주)
【度】 '탁'으로 읽음,(音堂入聲. −원주)
【牣】 음은 '인.' '가득 차다'의 뜻.(音刃, 滿也. −원주)
【帥】 率과 같음.

749 안록산安祿山과 양귀비楊貴妃

(1) 제 뱃속에는 충성심밖에 없습니다

10년(751년), 안록산을 위해 저택을 지었는데 화려하기가 극에 달하였다. 현종은 날마다 양귀비의 일족을 보내어 연회를 베풀어주도록 하였다. 안록산은 몸이 비대하였다. 현종이 어느 날 그의 배를 가리키며 이렇게 말하였다.

"이 호인胡人의 배 속엔 무엇이 들어 있을까?"

안록산이 대답하였다.

"오직 충성심뿐입니다."

녹산은 궁중에 들어오면 우선 양귀비에게 먼저 절을 하는 것이었다. 현종이 그 까닭을 묻자 이렇게 대답하였다.

"우리 호인은 어머니를 먼저 여기고 아버지는 뒤로합니다."

〈長恨歌詩意圖〉 淸 袁江(畵)

○ 十載, 爲安祿山起第, 窮極華麗, 上日遣諸楊與之游.

祿山體肥大, 上嘗指其腹曰:「此胡腹中何所有?」

對曰:「有赤心耳.」

祿山入禁中, 先拜貴妃, 上問其故, 曰:「胡人先母而後父.」

(2) 안록산의 세아식洗兒式

안록산의 생일에는 하사
한 물건이 심히 많았다. 사
흘째 되는 날 궁중으로 불러
들이자 양귀비는 비단으로
커다란 강보를 만들어 궁인
으로 하여금 이를 비단으로
말아 가마에 태워 메고 다니
도록 하였다.

현종이 즐겁게 떠드는 웃음
소리를 듣고 그 까닭을 묻자

〈洗兒圖〉

좌우가 양귀비가 안록산 아기를 목욕시키고 있다고 대답하였다.

현종은 양귀비에게 욕아금浴兒金으로 은전을 내려 주어 그 기쁨을
다하고서야 마쳤다.

이로부터 안록산은 궁중에 들어왔다가 밤을 새우며 물러가지 않는
때가 있었으며, 자못 추한 소문이 밖으로 퍼져나갔지만 현종은 조금도
의심하지 않았다.

祿山生日, 賜予甚厚, 後三日召入, 貴妃以錦綉爲大襁褓, 使宮人以綵輿舁之. 上聞歡笑問故, 左右以貴妃洗祿兒對.

上賜妃浴兒金銀錢, 盡歡而罷, 自是出入宮掖, 通宵不出, 頗有醜聲聞于外, 上亦不疑.

【舁】음은 '여'이며 '마주 들다'의 뜻.(音余, 對舉. -원주)

(3) 이임보李林甫와 안록산

다시 안록산에게 하동河東절도사를 겸하게 하였다.

재상 이임보李林甫는 안록산과 이야기하게 되면 그 때마다 그의 마음을 꿰뚫어 알아차려 안록산보다 먼저 말을 하였다. 안록산은 놀라 감복하였고 매번 그를 만나면 한겨울에도 반드시 땀을 흘리면서 이임보를 십랑十郎이라 불러주었다.

이윽고 안록산이 임지 범양范陽으로 돌아가서는 부하가 장안에 갔다가 돌아오면 반드시 이렇게 묻는 것이었다.

"십랑李林甫께서 나에 관해 무슨 말을 하던가?"

그리고 만약 '칭찬하십디다'라 하면 기뻐하였으나 혹 단지 '안태부께서 자신을 잘 점검하여 조심하도록 일러드려라'라고 했다 하면 즉시 이렇게 말하였다.

"아, 나는 죽는가보다."

又以祿山兼河東節度使. 李林甫與祿山語, 每揣知其情先言之, 祿山驚服, 每見盛冬必汗, 謂林甫爲十郎.

旣歸范陽, 其下自長安, 歸必問:「十郞何言?」

得美言則喜, 或但云語安太夫, 須好點檢, 卽曰:「噫嘻, 我死矣.」

【我死矣】그에게 "須好點檢"이라는 말로써 죄를 얻어 죽을까 염려한 것이다.(因林甫須好點檢之語, 而慮得罪以死. ─원주)

750 천하 악신 이임보李林甫

11년(752년), 재상 이임보가 죽었다. 이임보는 현종의 좌우 측근들의 비위를 잘 맞추어 현종의 뜻에 영합하여 총애를 굳혔으며, 언로를 막아 현종의 총명을 가리고 있었다. 그는 일찍이 여러 어사御史들에게 이렇게 말한 적이 있다.

"의장용 말들을 보지 않았소? 한번이라도 울음소리를 내었다가는 즉시 그 행렬에서 쫓겨나고 말지요."

그는 또 어진 이를 질투하고 유능한 이를 질시하였으며 자신보다 나은 사람은 배척하고 억눌렀다. 성격이 음험하여 세상 사람은 그를 두고 입에 꿀을 바르고 있지만 뱃속에는 칼을 품고 있다고 여겼다.

그가 매번 밤에 홀로 언월당偃月堂에 앉아 깊은 생각에 빠지는 날이면 그 이튿날 반드시 사람을 주살하는 일이 벌어졌다. 자주 큰 옥사獄事를 일으켜 태자를 비롯하여 그 이하가 모두 그를 두려워하였다. 재상의 지위에 있기를 19년, 천하가 크게 어려워질 원인들을 만들어 놓았지만 현종은 이것을 깨닫지 못하였다.

그러나 안록산은 이임보의 권모술수를 두려워하여 이임보가 죽을 때까지는 감히 모반을 일으키지 못하였던 것이다.

이 해에 양국충楊國忠이 재상이 되어 현종에게 아뢰었다.

"안록산은 틀림없이 모반할 것입니다. 장차 시험 삼아 불러 보십시오. 틀림없이 오지 않을 것입니다."

○ 十一載, 李林甫卒. 林甫媚事上左右, 迎合上意以固寵, 杜絶言路, 掩蔽聰明.

嘗語諸御史曰:「不見立仗馬乎? 一鳴輒斥去.」

妬賢嫉能, 排抑勝己. 性陰險, 人以爲口有蜜腹有劍, 每夜獨座偃月堂, 有所深思, 明日必有誅殺. 屢起大獄, 自太子以下皆畏之. 在相位十九年, 養成天下之亂, 而上不悟. 然祿山畏林甫術數, 故終其世未敢反.

是歲國忠爲相, 言:「祿山必反. 且曰試召, 必不來.」

【立仗馬】 말을 줄 세워 의장으로 삼은 것.(列馬以爲儀仗. ─원주)

751 안록산을 더욱 신임하다

13년(754년), 안록산은 부름을 듣고 즉시 나타났다. 이로부터 현종은 양국충의 말을 믿지 않게 되었고, 안록산에게는 좌복야左僕射의 벼슬을 더하여 돌려보냈다.

○ 十三載, 祿山聞召卽至, 上由是不信國忠之言, 加祿山左僕射而歸.

752 드디어 반란을 일으킨 안록산

14년(755년), 안록산이 부하 한인漢人장교를 번장胡人장교로 바꾸기를 청하였지만 현종은 오히려 의심하지 않았다. 다시 표를 올려 말 3천 필을 바치되 말 한 마리에 고삐 잡는 사람 둘씩 그리고 22명의 장수에게 부대로 나누어 주어 하남河南까지 보내겠다고 청하였다.

현종은 비로소 의심을 나타내며 사신을 보내어 그 헌납을 중지시키도록 하였다. 안록산은 침상에 걸터앉은 채로 절도 하지 않으면서 사신에게 말하였다.

"말은 바치지 않도록 하는 것도 좋소. 10월이면 의당 경사로 올라갈 것이오."

사신은 돌아왔으나 역시 안록산이 올리는 글은 없었다.

이해 겨울, 안록산이 드디어 반란을 일으켰다. 자신이 관할하는 부部의 병력과 해奚, 거란契丹의 군사를 징발하여 총 15만의 대군이 범양范陽을 출발하여 이들을 이끌고 남으로 향하였다. 보병과 기병 등 정예가 천리에 그 연기와 먼지를 일으켰다.

당시는 태평을 이어받은 지 오래여서 백성들은 전쟁을 알지 못하였으니 주와 현들이 모두 바람 앞에 풀이 눕듯 와해되어 그들은 진격하여 동경東京이 함락되고 말았다.

○ 十四載, 祿山請以蕃將代漢將, 上猶不疑. 表請獻馬三千匹, 每匹二人執鞚, 二十二將部送河南. 上始疑之, 遣使止其獻.

祿山踞床不拜, 曰:「馬不獻亦可, 十月當詣京師.」

使還亦無表.

是冬祿山遂反, 發所部兵及奚契丹, 凡十五萬, 發范陽, 引而南. 步騎精銳, 煙塵千里. 時承平久, 百姓不識兵革, 州縣皆望風瓦解, 進陷東京.

【蕃將】胡人을 장수로 삼은 것.

【漢將】漢人을 장수로 삼은 것.

【鞿】말의 굴레.(馬勒.)

【奚】匈奴의 別種.

【契丹】東胡 種族이다. '契'은 '걸'로 읽는다.(契音乞. −원주)

【東京】洛陽을 지칭함.

753 안진경顔眞卿이 토벌에 나서다

평원태수平原太守 안진경顔眞卿이 군사를 일으켜 적을 토벌하였다.
현종은 비로소 하북이 적에 휩쓸렸다는 소식을 듣고 이렇게 탄식하였다.
"24개의 군에 한 사람의 의로운 병사도 없었단 말이냐?"
그런데 안진경의 상주가 이르자 크게 기뻐하여 말하였다.
"짐은 안진경이 어떤 사람인지 알아보지 못하였는데 능히 이와 같이
해냈구나."

○ 平原太守顔眞卿, 起兵討賊.
上始聞河北從賊, 歎曰:「二十四郡, 曾無一人義士邪?」
及眞卿奏至, 大喜曰:「朕不識眞卿何狀, 乃能如此.」

【平原】郡 이름으로 山東에 속하며 지금의 德州.
✺ 顔眞卿의 의기에 대하여 林氏는 이렇게 평하고 있다.
林曰:「燕伐齊, 齊七十餘城, 皆爲燕有. 初未聞忠臣義士, 有發憤之氣也. 及王
燭絶肮而死, 義不北面於燕. 然後齊士靡然從之, 七十餘城復爲齊有. 蓋天下
之人, 豈無忠義之心? 苟其艱難之際, 有一爲唱, 則聞風之人, 孰不從之者?
在天寶末, 祿由煽亂河北二十四郡, 莫不失寸, 及眞卿首唱忠義, 而諸郡由是
多應. 然則唐室中興, 雖郭子儀李光弼之功, 而其實則眞卿爲之唱也.」

754 안고경顔杲卿도 나서다

상산태수常山太守 안고경顔杲卿도 의병을 일으켜 적 안록산을 토벌하려 나서자 하북의 여러 군이 모두 이에 호응하였다.

○ 常山太守顔杲卿, 起兵討賊, 河北諸郡皆應之.

【杲卿】 顔眞卿의 從兄.

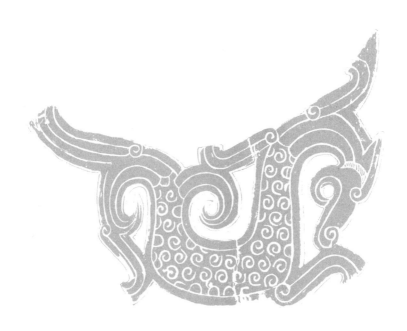

755 대연황제大燕皇帝를 참칭한 안록산

15년(756년), 안록산이 대연황제大燕皇帝를 참칭하였다.

○ 十五載, 安祿山僭號稱大燕皇帝.

〈打馬球圖〉(唐) 章懷太子墓 벽화

756 사사명史思明에게 끝까지 욕을 퍼부은 안고경顏杲卿

적장 사사명史思明이 상산常山을 함락하고 안고경을 잡아 낙양으로 보냈다. 안록산이 안고경에게 자신에게 반대하는 것을 따지자 안고경은 이렇게 말하였다.

"나는 나라를 위해 적을 친 것이다. 너를 베지 못한 것이 한스럽다. 어찌 배반이라 일컫는가? 냄새나는 오랑캐의 개야. 어찌 나를 빨리 죽이지 않느냐?"

안록산은 크게 노하여 그를 결박하고 살을 깎아내어 뼈가 드러나게 하였다. 안고경은 목숨이 끊어질 때까지 입에서 꾸짖는 말이 끊어지지 않았다.

○ 賊將史思明, 陷常山, 執顏杲卿送洛陽.

祿山數其反己, 杲卿曰:「我爲國討賊, 恨不斬汝, 何謂反也? 腥羯狗, 何不速殺我?」

祿山大怒, 縛而臛之, 比死罵不絶口.

【臛】'과'로 읽으며 살을 베어 그 뼈까지 드러남이다.(音寡. 剔肉至其骨也. —원주)

757 장순張巡도 나서다

진원眞源의 현령 장순張巡
이 부하 관리와 백성을 이끌
고, 현원황제玄元皇帝의 사당
에서 곡을 한 다음, 옹구雍丘
에서 군대를 일으켜 적을 토
벌하였다.

〈張巡〉《三才圖會》

○ 眞源令張巡, 帥吏民哭於玄元皇帝廟, 起兵於雍丘討賊.

【眞源】 邑 이름으로 譙郡에 속한다.
【帥】 '솔'로 읽음.(音率. −원주)

758 마외역馬嵬驛에서 양귀비를 죽이다

삭방朔方절도사 곽자의郭子儀와 하북河北절도사 이광필李光弼이 적장 사사명史思明과 싸워 이를 크게 깨뜨리고 제일 먼저 하북의 몇 개 군을 수복하였다. 부원수 가서한哥舒翰이 적과 싸우다 크게 패하자 휘하 부하가 그를 잡아 적에게 항복하였다. 적은 드디어 동관潼關으로 들어왔다.

현종은 장안長安에서 도피하여 마외역馬嵬驛에 행차하였을 때 장병들은 굶주리고 피로하여 모두 분개한 나머지 양국충 등을 죽이고 현종을 협박하여 양귀비楊貴妃를 교살한 다음 그런 연후에 출발을 서둘렀다.

그러자 그곳 부로父老들이 길을 막고 머물러 있기를 청하였지만 현종은 태자에게 그들을 위로하여 달래기를 명하였다. 그래도 부로들은 태자의 말을 둘러싸 갈 수 없게 되자, 태자는 황손皇孫 숙俶으로 하여금 현종에게 아뢰도록 하였다. 현종은 이렇게 말하였다.

"하늘의 뜻이다. 태자에게 이렇게 달래도록 하라. '너는 힘써 노력하라. 서북방의 여러 호족들은 내가 평소 후하게 위무해왔다. 너는 틀림없이 그들의 힘을 얻게 될 것이다. 장차 조서를 내려 제위帝位를 물려줄 것임을 선포하겠다'라고 말이다."

태자가 평량平涼에 이르자 삭방朔方 유후留後 두홍점杜鴻漸이 맞아들여 영무靈武로 들게 하면서 마외역에서의 어명을 준수하기를 청하였다.

태자는 다섯 번이나 문서로 요청이 올라오자 이에 허락하여 현종에게는 태상천제太上天帝의 존칭을 올렸다.

현종은 재위 45년으로 연호를 세 번 바꾸어 선천先天, 개원開元, 천보天寶라 하였다. 태자가 즉위하였다.(756년) 이가 숙종황제肅宗皇帝이다.

○ 朔方節度使郭子儀, 河北節度使李光弼, 與賊將史思明戰, 大破之, 首復河北數郡. 副元師哥舒翰, 與賊戰大敗, 麾下執翰降賊. 賊遂入關.

上出奔, 次于馬嵬, 將
士飢疲皆憤怒, 殺楊國
忠等, 及逼上縊殺貴妃,
然後發, 父老遮道請留,
上命太子慰撫之. 父老
擁太子馬, 不復得行, 使
皇孫俶白上.

上曰: 「天也. 使喻太
子曰: 『汝勉之. 西北諸
胡, 吾撫之素厚, 汝必得
其力. 且宣旨欲傳位.』」

太子至平涼, 朔方留
後杜鴻漸, 迎入靈武, 請

〈明皇幸蜀圖〉 부분 (唐) 臺北故宮博物館 소장

遵馬嵬之命. 牋五上, 乃許, 尊上爲上皇天帝.

上在位四十五年, 改元者三, 曰先天·開元·天寶.

太子立, 是爲肅宗皇帝.

【哥舒】複姓이다.
【麾下】蕃將 火拔歸仁 등을 가리킴.
【馬嵬】驛 이름으로 咸陽 서쪽에 있다.
【俶】원주에는 '축'으로 읽도록 되어 있음.(音充入聲. -원주)
【留後】官名으로 留守와 같음.
【靈武】郡 이름이며 靈州.

7. 肅宗皇帝

759 숙종황제肅宗皇帝

숙종황제肅宗皇帝는 처음 이름이 여李璵였으나 형李亨으로 이름을 바꾸었다. 충왕忠王으로 있다가 태자가 되었으며 태자가 된 지 20년에 안록산의 난을 만나 이에 이르러 즉위한 것이다.

경조의 이필李泌은 어릴 때부터 재주가 있고 민첩함으로 소문이 나 있었다. 숙종이 동궁東宮으로 있을 때 일찍이 이필과는 포의지교로 사귀었다. 숙종은 즉위하고(756년) 사신을 보내어 이필을 불러 그를 영무靈武에서 알현하게 되었다. 그로부터 숙종은 크고 작은 일을 모두 이필과 의논하였다.

상황玄宗이 성도成都에 이르러 사신을 파견하여 책보冊寶를 영무로 보냈다.

肅宗皇帝:

初名璵, 改名亨. 自忠王爲太子, 二十年而遇祿山之亂, 至是卽位.

京兆李泌, 自幼以才敏聞. 上在東宮, 嘗與泌爲布衣交. 遣使召之, 謁見於靈武. 事無大小與之謀. 上皇至成都, 遣冊寶如靈武.

【見】 '현'으로 읽음.(音現.)

【冊寶】 玉冊이며 國寶로 전함.

760 회흘回紇에 도움을 청하다

사신을 회흘回紇에 보내어 군사를 징발하였다.

○ 遣使徵兵於回紇.

761 방관房琯

초토절도사招討節都使 방관房琯이 진도야陳濤邪에서 적과 싸웠다. 방관은
전차를 사용하여 싸웠으나 크게 패하였다.

○ 招討節度使房琯, 與賊戰于陳濤邪, 琯用車戰大敗.

❋ 진도야(陳濤邪)라는 땅은 咸陽에 있다.(陳濤邪地在咸陽. −원주)

762 안경서安慶緒가 아비 안록산을 죽이다

　지덕至德 2년(757년), 안경서安慶緒가 아비 안록산을 죽였다. 안록산은 기병한 이래 눈이 어두워져 이때에 이르러서는 아무것도 볼 수 없었다. 그리고 종기가 나 성질이 난폭해지고 말았으며, 폐첩의 아들을 경서 대신 후계로 삼고자 하였다. 이에 경서는 사람을 시켜 이를 죽이고 자립하였다. 안록산이 황제를 참칭한 것은 겨우 1년 남짓한 기간이었다.

　○ 至德二載, 安慶緒殺祿山. 祿山自起兵以來目昏, 至是不復見物. 又病疽躁暴, 欲以嬖妾子代慶緒爲嗣. 慶緒使人弑之, 而自立. 祿山僭號僅一年餘.

【慶緒】 안록산의 아들.
【嬖妾子】 폐첩이 낳은 아들은 安慶恩이었음.

763 장안長安과 낙양洛陽을 수복하다

숙종이 봉상鳳翔에 이르자 회흘回紇이 아들 섭호葉護에게 정병 4천을 보내어 도착하였다. 이리하여 천하병마도원수天下兵馬都元帥 광평왕廣平王 숙俶과 부원수副元帥 곽자의郭子儀가 삭방朔方 등의 군사 및 회흘, 서역의 무리를 거느리고 봉상을 출발하여 장안長安에 이르러 적賊을 공격하였다.

적이 크게 궤멸하자 대군은 서경西京에 진입하였다. 총사령관 숙은 사흘 동안 장안에 머물러 있으면서 백성을 위무한 다음, 군사를 이끌고 동쪽으로 진출하여 낙양洛陽에 이르러 회흘 군대와 협공하였다. 적은 크게 패하여 드디어 동경東京을 수복하였으며, 안경서는 업鄴으로 달아나 자신을 보위하였다.

○ 上至鳳翔, 回紇遣子葉護, 將精兵四千人至. 天下兵馬都元帥廣平王俶, 副元帥郭子儀, 將朔方等軍, 及回紇·西域之衆, 發鳳翔至長安擊賊. 賊大潰, 大軍入西京. 俶留鎭撫三日, 引軍東出至洛陽, 與回紇夾擊. 賊大敗, 遂復東京, 安慶緒走保鄴.

【鳳翔】府 이름으로 陝西에 속하며 扶風郡.
【葉】'섭'으로 읽음.(音攝. ―원주)
【廣平】하동군에 속하며 지금의 광평군이다.(郡屬河東, 今廣平府. ―원주)
【西京】長安을 가리킴.

764 첩까지 죽여 그 살을 병사들에게 먹이다

적장 윤자기尹子奇가 수양睢陽을 함락시켜 장순張巡과 허원許遠이 그 싸움에서 전사하였다. 장순은 그에 앞서 옹구雍丘를 지키고 있었는데 군사를 영릉寧陵으로 옮겨 여러 차례 적을 깨뜨렸었다. 이윽고 다시 수양으로 들어와 허원과 함께 이곳을 지키며 여러 차례 적을 물리쳤다. 양식이 다하자 혹 성을 버리고 떠나 있고자 하였지만 장순과 허원은 모책을 짜 이렇게 말하였다.

"수양은 강회江准의 보장保障으로 만약 이를 포기한다면 적군은 틀림 없이 어디까지라도 마음 놓고 길게 세력을 몰아갈 것이다. 그렇게 되면 강회 지역을 모두 잃고 만다. 굳게 지켜 구원병이 오기를 기다리느 니만 못하다."

그리하여 차茶와 종이까지 먹었지만 그것조차 없어 드디어 말까지 잡아먹었고, 말도 다하자 그물로 참새를 잡고 굴을 파서 쥐를 잡아 먹었다. 참새와 쥐까지도 없어지자 장순은 사랑하는 첩을 죽여 군사들 에게 먹였다. 4만 명의 군사가 겨우 4백 명만 남았지만 끝까지 배반하는 자가 없었다.

적병이 성벽으로 기어올랐지만 병사들은 피로와 병으로 온전한 자가 없었다. 장순은 서쪽을 향해 두 번 절하고 이렇게 말하였다.

"신의 힘은 이미 다하였습니다. 살아서는 이미 폐하께 보답할 길이 없습니다. 죽고 나면 마땅히 지독한 귀신이 되어 적을 살해하겠습니다."

이리하여 성은 마침내 함락되었고 장순과 허원은 잡혔으며 남제운 南霽雲과 뇌만춘雷萬春 등 36명도 모두 피살당하였다.

○ 賊將尹子奇陷睢陽, 張巡·許遠死之. 巡先守雍丘, 移軍寧陵,
屢破賊.

旣而入睢陽, 與遠共守屢卻賊, 食盡, 或欲棄城, 巡遠謀曰: 「睢陽江淮之保障, 若棄之, 賊必長驅, 是無江淮也. 不如堅守以待救.」

食茶紙, 盡, 遂食馬, 馬盡, 羅雀掘鼠. 雀鼠又盡, 巡殺愛妾以食士. 四萬人僅餘四百, 終無叛者.

賊登城, 將士困病不能全.

巡西向再拜曰: 「臣力竭矣. 生旣無以報陛下, 死當爲厲鬼以殺賊.」

城遂陷, 巡遠被執, 南霽雲, 雷萬春等, 三十六人, 皆被殺.

【寧陵】郡 이름으로 歸德에 속함.
【南霽雲, 雷萬春】모두 張巡의 副將 이름.
◉ 張巡이 첩까지 죽여 군사에게 먹인 데 대하여 林氏는 이렇게 평하였다.
林曰: 「事父母能竭其力, 事君能致其身. 舜之完廩, 捐階而無怨, 斯可謂能竭其力. 張巡守睢陽, 至於殺妾以食士, 斯可謂能致其身.」

765 장안長安으로의 환궁

상황玄宗은 촉군蜀郡을 떠나 서경西京, 長安으로 돌아왔다.

○ 上皇發蜀郡還西京.

766 안경서安慶緒를 토벌하다

건원乾元 원년(758년), 곽자의 등 아홉 절도사節度使에게 명하여 안경서 安慶緒를 토벌토록 하였다.

○ 乾元元年, 命郭子儀等九節度, 討安慶緒.

【元年】 이 해에 다시 '載'를 '年'으로 바꾸었다.(是歲復改載爲年. −원주)

【九節度】 朔方郭子儀, 淮西魯靈, 興平李渙, 滑濮許叔冀, 鎭西北庭李嗣業, 鄭蔡 李廣深, 河南崔光遠, 河東李光弼, 澤路王思禮 등을 가리킴.(원주)

767 사사명史思明이 안경서를 죽이고

2년(759년), 사사명史思明이 군사를 이끌고 안경서를 구하려 나섰다. 아홉 절도사들의 군사가 업鄴에서 패하였다. 사사명은 안경서를 죽이고 범양范陽으로 돌아와 참칭하였다.

○ 二年, 史思明引兵救慶緖, 九節度之兵潰于鄴. 思明殺慶書, 還范陽僭號.

【僭稱】여전히 大燕皇帝라 칭하였다.(仍稱大燕皇帝. ─원주)

768 이광필李光弼의 활약

이광필李光弼이 곽자의를 이어 삭방절도사병마원수朔方節度使兵馬元帥가 되었다. 이광필은 호령이 엄정하였다. 처음 그곳에 이르러 한 번 호령을 내리면 사졸들이 보루를 벽으로 삼고 기치旗幟가 정명精明해져 모두가 변하였다. 이리하여 사사명과 싸워 여러 차례 그를 격파하였다.

〈이광필〉《三才圖會》

○ 李光弼代郭子儀, 爲朔方節度使兵馬元帥. 光弼號令嚴整. 始至, 號令一施, 士卒壁壘, 旗幟精明皆變. 與史思明戰屢敗之.

【明】《通鑑》에는 '彩'로 되어 있음.

769 상황上皇께서 민간인을 자꾸 만나시니

상원上元 원년(760년), 태복경太僕卿 이보국李輔國이 상황을 서내西內로 옮겼다. 상황은 흥경궁을 사랑하여 촉蜀으로부터 돌아와서는 이곳에 거처하면서 주로 누대에 올라 부로父老들이 그 밑을 지나다가 가끔 상황을 우러러보며 절하고 만세를 외치면 상황은 항상 누대 아래로 그들에게 술과 음식을 내렸다. 또 일찍이 장군 광영예郭英乂 등을 불러 누대에 올라 연회를 베풀어주기도 하였다. 그러자 이보국은 이렇게 말하였다.

"상황께서는 흥경궁에서 거하시면서 날마다 외부 사람들과 접촉하고 계십니다. 그리고 진현례陳玄禮와 고력사高力士가 폐하께 불리한 일을 꾸미고 있습니다."

이렇게 여러 번 옮기도록 계를 올렸으나 황제는 이를 허락하지 않았다.

이보국은 황제가 병으로 누워 있는 틈을 타서 무리를 인솔하여 억지로 상황으로 옮겨버렸다. 상황의 날마다 기뻐할 일이 없어지자 그 때문에 음식도 입에 대지 않고 곡기도 끊어 점차 몸이 병들게 되었다.

○ 上元元年, 太僕卿李輔國, 遷上皇於西內, 上皇愛興慶宮, 自蜀歸卽居之, 多御樓, 父老過者, 往往瞻拜呼萬歲, 上皇常於 樓下賜以酒食. 又嘗召將軍郭英乂等, 上樓賜宴.

輔國言:「上皇居興慶, 日與外人交通. 陳玄禮·高力士謀不 利於上.」

數啓上遷之, 不許. 乘上不豫, 率衆刦遷, 上皇日以無懌, 因不 茹葷, 辟穀, 寖以成疾.

【西內】西苑 안을 가리킴.

【御樓】천자가 임하는 것을 御라 함.(天子所臨曰御. -원주)

【數】'삭'으로 읽음.(音朔. -원주)

【葷】'훈'으로 읽는다. 《禮韻》에는 매운 채소라 하였으며 세속에서는 고기를
 일컫는 것이라 하였다.(音薰. 禮韻曰辛菜, 世俗云肉食. -원주)

770 사조의史朝義가 아비 사사명史思明을 죽이다

2년(761년), 사조의史朝義가 사사명史思明을 죽였다. 사사명은 막내아들 史朝淸을 사랑하고 맏아들 조의史朝義를 미워하였다. 사조의가 관군과 싸워 패한 것을 이유로 사조의를 죽이려고 하였다. 그러자 사조의는 사람을 시켜 사사명을 쏘아 죽이고 자립하였다.

○ 二年, 史朝義殺史思明. 思明愛少子而惡朝義. 因其敗軍欲斬之. 朝義使人射殺思明, 而自立.

【朝義】史思明의 아들.
【少子】史朝淸을 가리킴.
【使人】駱悅이라는 사람.
✸ 안록산과 사사명의 죽음에 대하여 劉氏는 이렇게 평하고 있다.
劉曰：「夫祿山思明, 狡黠有餘矣. 叛而僭稱, 席未暖, 而刃及于腹, 矢及于臂, 縊及于頸, 天之報施亦明矣. 速矣! 不可逭矣, 而亂臣賊子肩相摩, 足相躡也, 夫豈不鑒往轍乎?」

771 이광필李光弼이 태위太尉가 되다

이광필李光弼이 태위太尉가 되어, 팔도八道의 행영行營을 통괄하면서 임회臨淮를 진수하였다.

○ 李光弼爲大尉, 統八道行營, 鎭臨淮.

【八道行營】앞서 말한 九節度에서 李光弼이 郭子儀를 이어 朔方節度를 겸하게 되었다. 그 때문에 八道行營이라 한 것이다.(卽前九節度, 而光弼代子儀兼朔方節度, 故云八道行營. −원주)
【臨淮】郡 이름으로 淮西에 속하며 지금의 泗州.

772 곽자의郭子儀가 우두머리가 되어

보응寶應 원년(762년), 곽자
의郭子儀가 각도 절도행영節
度行營의 우두머리가 되어
흥평군興平軍, 정국군定國軍
등의 부원수副元帥를 겸하면
서 다시 삭방朔方으로 들어
갔다.

〈곽자의〉《三才圖會》

○ 寶應元年, 郭子儀知諸道節度行營, 兼興平・定國等軍副
元帥, 復入朔方.

【興平】陝西에 속하며 지금의 興平縣.
【定國】馬翊郡.

773 상황上皇이 죽다

상황玄宗이 서내西內에서 죽었다.(762년) 황제의 위를 물려주고 7년만이었다. 78세의 수를 누렸다.

○ 上皇崩於西內, 傳位後七年也. 壽七十八.

774 숙종肅宗이 죽다

숙종도 병으로 누워 있었는데 아버지 상황의 죽음을 듣고는 병이 갑자기 악화되어 마침내 죽었다.(762년) 재위 7년, 연호를 네 번 바꾸어 지덕至德, 건원乾元, 상원上元, 보응寶應이라 하였다.

처음에 장황후張皇后는 이보국과 서로 표리를 이루어 전권을 쥐고 일을 처리하였었으나 만년에 다시 틈이 생기고 말았다. 숙종의 병이 위독해지자 장황후는 태자를 불러 이렇게 말하였다.

"이보국은 오랫동안 금중의 친위병을 다스렸으며 몰래 반란을 꾀하고 있었다. 죽이지 않을 수 없다."

태자는 임금의 몸이 병중에 놀랄 것을 두려워하여 불가하다고 여겼다. 이보국이 그 모략을 듣고 임금이 죽고 나자 그는 장황후를 죽인 다음, 태자를 끌어다 제위에 오르게 하였다. 이가 대종황제代宗皇帝이다.

○ 上寢疾, 聞上皇登遐, 轉劇遂崩. 在位七年, 改元者四, 曰至德·乾元·上元·寶應. 初, 張皇后與李輔國相表裡, 專權用事, 晚更有隙.

上疾篤, 后召太子謂曰:「輔國久典禁兵, 陰謀作亂, 不可不誅.」

太子恐震驚上體不可, 輔國聞其謀, 上崩, 殺后而後引太子立之, 是爲代宗皇帝.

【登遐】천자의 죽음을 登遐라 한다.(天子崩曰登遐. -원주)

8. 代宗皇帝

775 대종황제代宗皇帝

대종황제代宗皇帝는 처음 이름이 숙李俶이었으며 광평왕廣平王에 봉해졌다. 원수元帥가 되어 동서 양경兩京을 평정하였다. 그 후 초왕楚王에 봉해졌다가 다시 성왕成王이 되었으며 얼마 후 태자가 되어 이름을 예李豫라 고쳤다. 이때에 이르러 즉위한 것이다.(763년)

이보국을 주살하고 옹왕雍王 괄李适로 천하병마원수를 삼아 여러 장수와 회흘回紇의 군사를 이끌고 사조의史朝義를 토벌토록 하여 크게 깨뜨렸다.

적장 이회선李懷仙이 사조의를 베고 항복하였다. 옛날 적장 장충지張忠志는 성덕盛德의 군사를 진수鎭守하도록 하고 그에게 이보신李寶臣이라는 성명을 하사하였으며, 적장이었던 설숭薛嵩은 상주相州, 위주衛州, 형주邢州, 명주洺州, 패주貝州, 자주磁州 등을 지키게 하고, 전승사田承嗣는 위주魏州, 박주博州, 덕주德州, 창주滄州, 영주瀛州 등의 주를 진수토록 하였으며, 이회선李懷仙은 노룡盧龍을 지키게 하였다.

조정에서는 전쟁의 고통을 싫어하여 그저 무사하기만을 바랐으므로 지방마다 절도사節度使를 임명한 것이었다. 그런데 여러 진鎭들은 스스로 당을 지어 도와주기도 하였다. 하북과 삭방 지역이 감히 조정의 명령에 항거하기 시작한 것이 이때부터 비롯된 것이다.

代宗皇帝:

初名俶, 封廣平王, 爲元帥定兩京, 封楚王, 改成王, 已以爲太子,
改名豫, 至是卽位. 誅李輔國, 以雍王适爲天下兵馬元帥, 率諸
將及回紇援兵, 討史朝義, 大敗之. 賊將李懷仙斬朝義以降. 以賊
將將志忠鎭成德軍, 賜姓名李寶臣, 薛嵩鎭相衛邢洺貝磁等州,
田承嗣鎭魏博德滄瀛等州, 李懷仙鎭盧龍. 朝廷厭苦兵革, 苟冀
無事, 因而授之, 諸鎭自爲黨援, 河朔敢抗朝命始此.

【兩京】長安과 洛陽을 가리킴.

【成德軍】常山을 成德軍이라 하였으며 그곳의 節度는 恆州, 趙州, 深州, 定州,
易州 등을 진수하였다.(常山號爲成德軍, 節度鎭恆趙深定易等州. −원주)

【相衛邢洺貝磁】이 여섯 주는 河東에 속한다.

【魏】河東에 속하며 魏郡.

【博】山東에 속하며 博興.

【德】山東에 속함.

【滄】河東에 속함.

【瀛】河東에 속하며 河閒

【盧龍】幽州를 盧龍이라 하였으며 그곳 절도사는 幽州, 涿州, 英州, 莫州, 平州,
薊州, 嬀州, 檀州 등을 진수하였다.(幽州號盧龍, 節度鎭幽涿英莫平薊嬀檀等州.
−원주)

【諸鎭】《通鑑》注에 "安史의 난 이후, 肅宗이 長安에 이르러 河北의 땅을 나누어
叛將에게 주어 뒤에 드디어 戰國 시대 肱髀相依를 본받아 그 토지를 자손에게
전하도록 하였다. 이를 일러 藩鎭이라 한다"라 하였다.(通鑑注: 自安史之亂,
肅宗幸長安, 分河北之地, 付授叛將, 後遂效戰國肱髀相依以土地傳子孫, 謂之
藩鎭. −원주)

776 토번吐蕃의 침입

광덕廣德 원년(763년), 토번吐蕃이 변방을 쳐들오자 대종은 협주陝州로
피난하였다. 토번은 장안으로 들어오자 관내부원수關內副元帥 곽자의
郭子儀가 이를 쳤다. 토번은 숨어 달아났다.

○ 廣德元年, 吐蕃入寇, 上出奔陝州. 吐蕃入長安, 關內副元
帥郭子儀擊之. 吐蕃遁去.

777 정원진程元振

2년(764년), 환관 정원진程元振을 유배시켰다. 정원진은 처음에 이보국李輔國에게 빌붙었었다. 그런데 보국이 죽고 나자 원진은 정권을 잡고 권력을 휘둘러 방자하기가 더욱 심하여 장수 중에 큰 공을 세운 자를 꺼려 모조리 죽이려 하였다. 토번이 침입하자 원진은 이를 숨기고 때맞추어 아뢰지 않아 임금이 낭패를 만나게 한 것이었다. 안팎이 이를 갈아 이때에 이르러 진주湊州로 유배를 시킨 것이다.

○ 二年, 流宦者程元振. 元振初附李輔國. 輔國死, 元振專權, 自恣尤甚, 忌諸將有大功者, 皆欲害之. 吐蕃入, 元振掩蔽不以時奏, 致上狼狽, 中外切齒, 至是流溱州.

【切齒】 程元振에게 노기를 품고 있었음.
【溱州】 西南夷에 있다.

778 이광필李光弼이 죽다

　임회왕臨准王 이광필李光弼이 죽었다. 대종이 협주로 피난 갈 때 이광필은 가지 않았으나 대종은 그를 더욱 아껴 후하게 대해주었다. 평소 이광필은 곽자의와 이름을 나란히 하였으나 임지 서주徐州에 있으면서도 황제를 옹위하지 않아 휘하의 여러 대장들은 그를 다시는 존경하거나 두려워하지 않게 되었다. 이광필은 이를 부끄러이 여겨 한이 병이 되어 죽은 것이다.

　○ 臨准王李光弼卒. 上之幸陜, 光弼不至, 上撫之加厚. 素與子儀齊名, 及在徐州, 擁兵不朝, 麾下諸大將不復尊畏.
　光弼愧, 恨成疾而死.

779 평로군平盧軍의 이회옥李懷玉

　영태永泰 원년(765년), 평로군平盧軍의 장수 이회옥李懷玉이 절도사節度使
후희일侯希逸을 쫓아내고 스스로 유후留後의 일을 맡아보았다. 조정에서는
이를 인정하고 조서를 내려 정기正己라는 이름을 하사하였다.

　○ 永泰元年, 平盧將李懷玉, 逐節度使侯希逸, 而自知留後.
詔因而授之, 賜名正己.

【自知】스스로 그 진의 사무를 관장하여 다스림.(自掌其鎭之事. －원주)

780 나 아직 살아 있음을 보여주마

반장叛將 복고회은僕固懷恩이 회흘과 토번을 유혹하여 침입해 오자 곽자의를 불러 경양涇陽에 주둔하여 지키게 하였다.

그런데 회은이 중도에서 죽자 토번과 회흘이 서로 우두머리가 되려고 다투어 불화가 생기고 말았다. 곽자의는 사람을 보내어 회흘을 설득하여 함께 토번을 치고자 하였다.

이에 앞서 회은이 회흘을 속여 곽자의가 이미 죽었다고 하였었다. 그런데 곽자의의 사신이 오자 회흘은 이를 믿지 않고 이렇게 제의하였다.

"곽공이 살아 계시다니 직접 만나볼 수 있겠소?"

사자가 돌아와 보고하자 곽자의는 몇 기의 기마병만 데리고 나서서 부하를 시켜 소리쳐 전하게 하였다.

"영공令公이 오셨다."

회흘은 그제야 놀라 약갈라藥葛羅가 활을 잡고 화살을 매겨 진 앞으로 나왔다. 자의는 얼굴이 보이도록 갑옷과 투구를 벗고 앞으로 나서자 회흘의 여러 추장酋長들은 서로 돌아보며 이렇게 말하였다.

"맞다."

그러고는 모두 말에서 내려 줄을 서서 절을 하였다. 자의도 말에서 내려 서로 손을 잡고 더불어 발을 건네면서, 술을 가져다 서로 마시며 약속을 맹세한 다음 돌아왔다. 토번이 이를 듣고 밤에 달아나자 곽자의의 여러 군사들과 회흘이 함께 추격하여 이를 크게 깨뜨렸다.

○ 叛將僕固懷恩誘回紇吐蕃入寇, 召郭子儀屯涇陽. 懷恩道死, 二虜爭長不睦. 子儀遣人說回紇, 欲共擊吐蕃.

先是懷恩欺回紇, 謂子儀已死, 使至, 回紇不信曰:「郭公在可得見乎?」

使還報, 子儀與數騎出, 使人傳呼曰:「令公來.」

回紇大驚, 藥葛羅執弓矢立陣前.

子儀免冑釋甲而進, 諸酋長相顧曰:「是也.」

皆下馬羅拜.

子儀亦下馬, 執手與之語, 取酒相與誓約而還. 吐蕃聞之夜遁, 諸軍與回紇共追, 大破之.

【僕固懷恩】覆姓이여 懷恩은 이름이다.

❋ 처음 僕固懷恩은 朔方節度使였는데 일찍이 李光弼과 함께 東京과 河北를 회복한 후 그 공을 믿고 교만해져서 드디어 안으로 네 장수를 심어놓고 밖으로 회흘과 교류하여 반란을 일으킨 것이다.(初爲朔方節度使, 曾與李光弼, 復東京, 平河北. 恃功驕騫, 遂內樹四帥, 外交回紇而叛. −원주)

【回紇, 吐蕃】서역의 종족 이름. 회흘은 回鶻로도 쓰며 지금의 위구르(維吾兒), 吐藩은 티베드를 가리킴.

【涇陽】縣 이름으로 安西에 속함.

【二虜】回紇과 吐蕃.

【遣人】牙將 李光瓚을 가리킴.

【令公】郭子儀가 당시 中書令이었으므로 그를 '令公'이라 부른 것임.

【藥葛羅】回紇의 장수.

【冑】투구(兜鍪.)

❋ 원주의 사평은 다음과 같다.

《通鑑》에는 이렇게 되어 있다. "郭子儀가 꾸짖어 '너희 회흘은 唐에 큰 공이 있고 唐나라 역시 보답이 얇지는 않다. 그런데 어찌 약속을 어기고 옛 공을 버리고 원수와 결탁한단 말인가? 은덕을 배반하고 叛臣을 돕고 있으니 어찌 그리 어리석은가? 내 지금 몸을 드러내노니 너희들은 나를 죽여라.' 그러자 藥葛羅는 이렇게 말하였다. '僕固懷恩이 나를 속여 천자(天可汗)께서 이미 죽었고 그대도 역시 죽어 천하에 주인이 없다고 하더이다. 이 때문에 감히 온 것입니다. 제가 복고회은에게 속아 그대를 배반함이 심히 깊으니 지금 청컨대 진력을 다해 사과합니다.'이리하여 드디어 두 군사가 함께 吐蕃을 공격하여 크게 깨뜨렸다.”(通鑑:「子儀讓曰:『汝回紇, 有大功於唐, 唐之報汝亦不薄, 奈何負約, 棄前功結怨仇? 背恩德助叛臣, 何其 愚也? 今吾挺身聽汝殺我.』藥葛羅曰:『懷恩欺我言:‘天可汗已晏駕. 令公亦 捐館. 天下無主.’ 是以敢來, 吾爲懷恩所誤. 負公誠深, 今請爲公盡力以謝過.』 遂與師衆攻吐蕃, 大破之.」)

781 주희채朱希彩

3년(766년), 유주幽州의 장수 주희채朱希彩가 이회선李懷仙을 죽였다.
조정에서는 이를 인정하여 주희채에게 진을 다스리게 하였다.

○ 三年, 幽州將朱希彩, 殺李懷仙. 詔因以希彩領鎭.

【幽州】 즉 盧龍節度使로 李懷仙이 진수하던 곳이다.

782 어조은魚朝恩의 방자함

대력 5년(770년), 환관 어조은魚朝恩을 주살하였다. 어조은은 숙종 때에 일찍이 관군용사觀軍容使가 되었었는데 이 군용軍容의 명칭은 여기서 비롯된 것이며 아홉 절도사가 상주相州에서 사사명史思明의 군사에게 패하였을 때였다.

그러다가 광덕廣德 초에 이르러 어조은은 천하관군용선위처치사天下觀軍容宣慰處置使가 되어 궁중의 친위병을 전담하여 총괄하였으며 세력이 조야를 뒤엎을 정도였다. 다시 대력大曆 초에는 국자감國子監 판관으로 강의하는 자리에 올라가《역경易經》의 '정복속鼎覆餗'을 강의하여 재상을 비난하였다.

재상 왕진王瑨은 노하였지만 원재元載가 편안한 모습을 짓자 조은은 이렇게 말하였다.

"화를 내는 것은 인지상정일 테지만 웃는 사람은 그 마음을 짐작할 수가 없다."

조은은 조정 일 중에 자신이 참여하지 않은 것이 있으면, 문득 노하여 이렇게 말하곤 하였다.

"천하의 일 중에 나를 경유하지 않는 것이 있단 말인가?"

대종代宗은 이를 듣고 불쾌히 여기자 원재元載가 어조은의 방자함과 궤에 어긋남을 그 사이마다 아뢰어 드디어 이를 주살해버린 것이다.

○ 大曆五年, 誅宦者魚朝恩. 朝恩在肅宗時, 嘗爲觀軍容使, 軍容之名始此, 九節度相州之敗其時也.

至廣德初, 爲天下觀軍容宣慰處置使, 專總禁兵, 勢傾朝野. 大曆初, 判國子監, 升座講鼎覆餗, 以譏宰相.

王瑨怒, 元載怡然, 朝恩曰:「怒者常情, 笑者不可測也.」

朝政有不預者, 輒怒曰:「天下事有不由我者邪?」
上聞之不懌, 載乘閒奏其專恣不軌, 遂誅之.

【相州之敗】肅宗 乾元 2년에 일어난 일이다.
【鼎覆餗】솥 안의 죽을 엎어버림. 일을 크게 그르침을 뜻함. 餗은 음이 '속'이다.
《易》에 "솥의 다리가 부러져 公餗을 엎다"라 하였다. 餗은 鼎實이다. 大臣의
직위에 거하여 응당 天下의 임무를 맡아서 그 자리에 맞지 않는 자를 써서
覆敗의 지경에 이르게 하였으니, 그 책임을 이겨내지 못함을 부끄럽게 여겨야
한다는 것을 말한 것이다.(餗音速. 易曰:「鼎折足, 覆公餗.」餗, 鼎實也. 謂居大臣
之位, 當天下之任, 而用非其人, 至於覆敗. 乃不勝其任可羞愧也. —원주)

783 주자朱泚

7년(772년), 노룡盧龍의 장수가 주희채朱希彩를 죽이고 주자朱泚로써
그 진을 다스리게 하자 조정에서는 조서를 내려 이를 인정하였다.

○ 七年, 盧龍將殺朱希菜, 而以朱泚領鎭, 詔因授之.

【將】孔目官과 李懷瑗을 가리킴.

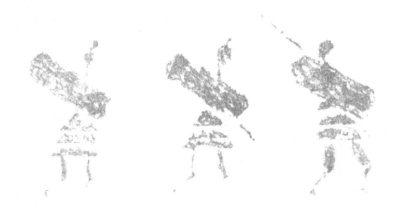

784 주도朱滔

9년(774년), 주자朱泚는 아우 도朱滔로 하여금 진을 다스리게 하고
자신은 입조入朝하였다.

○ 九年, 朱泚以弟滔領鎭, 而入朝.

【九】《通鑑》에는 '十'으로 되어 있음.(案通鑑: 當作十. -원주)

785 원재元載

12년(777년), 어떤 이가 원재元載가 모반을 계획하고 있다고 고하였다.
이에 그를 문책하여 죽음을 내렸다. 그 집 재산을 조사하였더니 호초胡椒가
800 곡斛이나 되고 다른 재물도 그와 비슷하게 많았다.

○ 十二年, 有告元載圖不軌者, 案問賜死. 籍其家, 胡椒至八
百斛, 他物稱是.

【胡椒】맛은 매우며 성품은 따뜻하다. 모양은 鼠李와 비슷하며 서융과 남해의
여러 나라에서 난다. 약으로 쓰인다.(味辛, 性溫, 狀如鼠李. 生西戎及南海諸國,
可入藥. —원주)
【斛】열 말을 斛이라 함.(十斗曰斛. —원주)

786 하늘이 태평을 바라지 않는 것인가?

양관楊綰과 상곤常袞을 동평장사同平章事로 삼았다. 양관은 평소 청렴하고 검소한 사람이었다. 임금의 임명장이 내리자 곽자의는 마침 잔치를 벌이던 중이었는데 좌중의 음악 5분의 4를 줄여버렸으며, 경조윤京兆尹 여간黎幹은 외출할 때의 행렬이 심히 성대하였으나 이 소식을 듣고 그 날 즉시 10기騎로 줄여버렸다.

양관이 재상이 된 지 겨우 석 달 만에 죽자 대종은 애통해하면서 이렇게 애도하였다.

"하늘이여! 짐이 태평을 이루기를 바라지 않는 것인가? 어찌 짐에게서 양관을 이처럼 빨리 앗아가는가?"

○ 以楊綰·常袞同平章事. 綰素淸儉. 制下, 郭子儀方宴, 減坐中聲樂五分之四, 京兆尹黎幹, 騶從甚盛, 卽日省之, 止存十騎.

綰相三月而卒.

上痛悼之曰:「天乎! 不欲朕致太平? 何奪朕楊綰之速也?」

【省】'생'으로 읽음.

✦ 본 장에 대한 范氏의 사평은 다음과 같다.

范曰:「上之化下, 如風之靡草也. 楊綰以淸名儉德爲相, 而天下從之如此, 況人君正己以先海內乎? 是以先王必正其心, 脩其身, 而天下自治. 孟子曰:『君仁, 莫不仁; 君義, 莫不義; 君正, 莫不正. 一正君而國定矣.』此之謂也.」

787 전승사田承嗣

14년(779년), 전승사田承嗣가 죽었다. 조카 열田悅이 뒤를 이었다.

○ 十四年, 田承嗣卒, 姪悅代之.

788 이희열 李希烈

　회서淮西의 장군 이희열李希烈이 절도사李忠臣를 쫓아내었다. 조정에서는 희열에게 번진藩鎭을 맡도록 하였다.

　○ 淮西將李希烈, 逐節度使. 詔因以鎭授希烈.

【節度使】李忠臣을 가리킴.

789 대종代宗이 죽다

대종은 재위 18년에 연호를 세 번 바꾸어 광덕廣德, 영태永泰, 대력大曆
이라 하였다. 죽고 나서 태자가 즉위하였다.(780년) 이가 덕종황제德宗
皇帝이다.

○ 上在位十八年, 改元者三: 曰廣德·永泰·大曆.
崩, 太子立, 是爲德宗皇帝.

【廣德】 즉위 2년에 연호를 바꾸었다.

9. 德宗皇帝

● 德宗. 唐나라의 제9대 황제.
李适. 780년~805년 재위.

790 덕종황제德宗皇帝

덕종황제德宗皇帝는 이름이 괄李适이었다.
옹왕雍王의 지위에서 태자가 되었다가 이
때에 이르러 즉위한 것이다.(780년)

德宗皇帝:
名适. 自雍王爲太子, 至是卽位.

〈당 덕종〉《三才圖會》

791 알기 때문에 등용한 것입니다

재상 상곤常袞이 천자를 속인 죄로 좌천되고, 최우보崔祐甫가 동평장사가 되었다. 최우보는 당시 천하의 인심을 수습하고자 채 200일도 되기 전에 8백 명이나 벼슬을 주었다. 그러자 덕종이 말하였다.

"사람들이, 경이 등용한 자들은 거의가 친척이나 친구들이라고 비방하고 있던데 어찌 된 일이오?"

우보가 대답하였다.

"신은 폐하를 위하여 사람을 택하면서 감히 신중히 하지 않을 수 없었습니다. 그런데 친척이나 친구가 아니라면 어찌 그들의 재능과 품행을 알아 이를 추천할 수 있었겠습니까?"

○ 常袞以欺罔貶, 崔祐甫同平章事. 祐甫欲收時望, 未二百日, 除官八百人.

上曰:「人謗卿所用多涉親故, 何也?」

對曰:「臣爲陛下擇人, 不敢不愼, 非親非故, 何以諳其才行而用之?」

【常袞】이때에 郭子儀와 朱泚는 모두 비록 軍功으로 재상이 되기는 하였지만 정치에 관여하지는 않았다. 그러자 常袞이 홀로 정사를 보면서 두 사람을 대신하여 서명하여 中書舍人 崔祐甫를 폄직시켜 河南少尹으로 삼아버렸다. 그가 그렇게 폄직되자 곽자의와 주자는 그가 죄가 없음을 표를 올려 상소하였다. 황제가 "그대들은 지난번에는 폄직시켜야 한다고 해놓고 지금은 죄가 아니라고 하니 어찌된 일이오?"라고 묻자 두 사람은 "처음에는 몰랐습니다"라 하였다. 이에 드디어 상곤을 朝州刺史로 폄직시킨 것이다.(案: 是時郭子儀朱泚, 皆雖以軍功爲相, 不預朝政. 袞獨居政事, 代二人署名, 奏貶中書舍人崔祐甫爲河南少尹,

旣貶, 二人表言其非罪, 上問:「卿嚮言可貶, 今云非罪, 何也?」二人對:「初不知.」
遂貶袞爲朝州刺史. -원주)

✸ 황제의 물음에 대한 崔祐甫의 대답에 대하여 司馬光은 이렇게 평론하였다.
司馬溫公曰:「用人者, 無親疎新故之殊. 惟賢不省之爲察, 其未必賢也. 以親
故而取之, 固非公也; 苟賢矣, 以親故而捨之, 亦非公矣. 夫天下之賢, 固非人
所能盡也. 若必待素識熟其才行而用之, 所遺亦多矣.」

792 이정기李正己

치주淄州 청주靑州의 이정기李正己가 덕종의 위명威名을 두려워하여
표를 올려 돈 30만 민緡을 바치자 최우보가 이렇게 청하였다.

"사신을 파견하여 치주, 청주의 장병들을 위로하고 그 돈을 그들에게
하사하십시오."

그의 말대로 하자 이정기는 부끄러워하면서 마음으로 복종하게 되었고
천하 모두가 태평시대는 거의 희망해도 될 것이라 여겼다.

○ 淄靑李正己, 畏上威名, 表獻錢三十萬緡.

崔祐甫請:「遣使慰勞淄靑將士. 因以賜之.」

正己慚服, 天下以爲太平庶幾可望.

【淄州】 山東에 속하며 菑川郡이다.
【靑州】 九州의 하나고 지금의 山東이며 北海郡이다.

793 미천한 직위에서 재상이 된 양염楊炎

덕종은 바야흐로 정성을 들여 치적을 세우고자 사람을 등용함에 차례를 짓지 않았다. 최우보가 양염楊炎을 추천하자 덕종은 사마司馬라는 낮은 지위임에도 그를 동평장사에 임명하였다. 얼마 후 최우보는 병이 들어 국정을 보지 못하게 되었다.

○ 上方勵精求治, 不次用人. 祐甫薦楊炎, 自司馬除爲同平章事. 旣而祐甫病不視事.

【不次】 차례에 따르지 아니하고 단지 행동이나 실질에 따라 등용함.(不以品次, 但以行實. ─원주)
【司馬】 通判과 같으며 당시 楊炎은 道州司馬였다.

794 양세법兩稅法

건중建中 원년(780년), 처음으로 양세법兩稅法을 제정하였다. 당초唐初의 부역과 세금은 농토에 대해서는 조租를 거두고 사람에 대해서는 용庸을 부과하였으며 호수에 따라서는 조調를 징수하였다.

그런데 현종玄宗 말년에는 호구조사가 무너졌으며, 숙종肅宗 지덕至德 때에는 안록산安祿山의 난이 일어나 부렴賦斂의 대상이 있기만 하면 급박하게 거두고 이를 처리하였기 때문에 더 이상 정상적인 기준을 회복할 수 없었다. 그 때문에 가난한 사람은 그 폐해를 견뎌낼 수 없어 모두가 다른 곳으로 도망하여 이주하였던 것이다.

이때에 이르러 양염이 건의하여 우선 주현州縣의 세비의 쓰임과 천자에게 바칠 수량을 계산하여 이를 백성들에게 부과하였다. 세출歲出을 계산하여 수입을 제정하였으며, 집은 주인과 세를 사는 사람을 함께 그 집에 사는 것으로 간주하여 호戶로 하여 장부에 기록하였다.

그리고 사람은 정년丁年과 중년中年의 구별을 두지 않고 빈부貧富에 따라 차이를 두었으며, 행상을 하는 사람일 경우 그 주와 현의 소재에 따라 30분의 1로 세금을 정하였다. 거주하는 사람의 세금은 가을과 여름 두 번 세금을 내되 종래의 조용조租庸調와 그 밖의 잡된 요역은 모두 줄여주었다.

○ 建中元年, 始作兩稅法, 唐初賦斂之法, 有田則有租, 有身則有庸, 有戶則有調.

玄宗之末, 版籍寢壞, 至德兵起, 所在賦斂, 迫趣取辦, 無復常準, 下戶不勝困弊, 率皆逃徙.

至是楊炎建議, 先計州縣每歲所用, 及上供之數, 而賦於人. 量出以制入, 戶無主客, 以見居爲簿. 人無丁中, 以貧富爲差.

爲行商者, 在所州縣, 稅三十之一. 居人之稅, 秋夏兩徵之, 其租
庸調雜徭悉省.

【兩稅】夏稅와 秋稅를 가리킴.
【至德】肅宗의 年號.

795 최우보崔祐甫

최우보崔祐甫가 죽었다.

○ 崔祐甫卒.

796 유안劉晏

충주자사忠州刺史 유안劉晏을 주살하였다. 유안은 재정을 다스리는데
뛰어나 숙종, 대종 이래로 호부戶部, 탁지度支, 주전鑄錢, 염철鹽鐵, 전운
轉運 등의 일을 담당하였었다. 그는 동평장사충사同平章事充使라는 직책에
있으면서 조운을 통하고 소금 전매의 이익을 알선하며 모든 물가를
폭락이나 앙등을 통제하여 군과 국가의 비용은 그의 덕분에 충족하였다.
　그러나 너무 오랫동안 이권을 담당한 때문에 사람들이 자못 그를
질시하였던 터에 게다가 재상 양염楊炎과 사이가 좋지 않아 마침내
충주자사로 좌천되었던 것이다. 어떤 사람이 재상 양염의 뜻에 맞추기를
원하여 유안이 원망하고 있다고 고하여 임금은 결국 사람을 보내어
그를 목매어 죽였던 것이다.

○ 殺忠州刺史劉晏. 晏善治財計, 自肅宗代宗以來, 領戶部·
度支·鑄錢·鹽鐵·轉運等事. 以同平章事充使, 通漕運幹鹽利,
制百貨之低昂, 軍國之用, 賴以充足. 然久典利權, 衆頗疾之.
又與楊炎不相悅, 竟貶忠州. 人希炎旨, 告晏怨望, 上遣人縊之.

【忠州】川南에 속함.
【度支】국가의 지출을 헤아려 계산하고 관장하는 업무.
【人希炎旨】荊南節度使 庚準이 楊炎의 뜻과 부합함.(荊南節度使庚準, 符合楊炎
　之意. −원주)

797 이보신李寶臣

2년(781년), 성덕成德의 이보신李寶臣이 죽고, 아들 유악李惟嶽이 스스로 군사를 통솔하는 임무를 맡았다. 뒤에 왕무준王武俊이 유악을 베고 이 업무를 대신하였다.

○ 二年, 成德李寶臣卒, 子惟嶽自領軍務. 後王武俊斬而代之.

798 귀신같은 모습

양염과 노기盧杞가 동평장사가 되었으나 양염은 얼마 되지 않아 그만
두었다. 노기는 푸른 빛 얼굴에 귀신같은 모습이었으나 말재주가 뛰어나
덕종은 그것을 좋아하였다.

○ 楊炎·盧杞同平章事, 炎未幾罷. 杞藍面鬼色, 有口辯, 上
悦之.

【藍面】 쪽풀의 색과 같은 얼굴색.

799 남에게 무릎을 굽혀본 적이 없었다

상보태위중서령분양충무왕尚父太尉中書令汾陽忠武王인 곽자의郭子儀가 죽었다. 곽자의는 자신을 천하의 안위라 여기기를 30년, 그 공적은 천하를 덮을 만하였으며, 천자는 그를 조금도 의심하지 않았다. 신하로서 지극한 지위에 올랐으나 그 누구도 그를 질투하지 않았다.

일찍이 위박魏博절도사 전승사田承嗣에게 사자를 보냈을 때 전승사는 서쪽을 바라보며 절하면서 이렇게 말하였다.

"내 남에게 무릎을 굽혀본 적이 없음이 오래 되었습니다. 그런데 지금 공을 위해 절을 올립니다."

곽자의는 중서령이 되어 무릇 해마다 24번의 고과에서 우수하였다. 집안 친족이 3천 명이나 되었고 그중 여덟 아들과 일곱 사위는 모두 현달하였다.

손자가 수십 명이나 되어 매번 문안드릴 때면 이들을 구별하지 못하여 그 숫자만 셀 뿐이었다. 나이 83살에 생을 마쳤다.

○ 尚父大尉中書令汾陽忠武王郭子儀卒. 子儀以身爲天下安危者三十年, 功蓋天下, 而主不疑, 位極人臣, 而衆不疾. 嘗遣使至魏博, 田承嗣, 西望拜之曰:「兹膝不屈於人久矣. 今爲公拜.」校中書令, 凡二十四考.

家人三千人, 八子七婿皆顯. 諸孫數十人, 每問安不能盡辨, 頷之而已. 年八十三而終.

【尚父】德宗이 卽位하여 郭子儀를 尚父로 추대할 것을 정함.
【二十四考】唐나라 제도에 1년을 마치면 한 번씩 考課를 하여 평가함. 郭子儀는 肅宗 乾元 元年에 中書令이 된 이래 이때까지 모두 24번의 고과를 거쳤음.(唐制:

一歲終一考功, 子儀自肅宗乾元元年拜中書令, 至是凡二十四考. —원주)

【額】 머리만 세어봄.(點頭也. —원주)

【八十三】《通鑑》에는 '八十五'라 함.

800 평로平盧의 잇따른 모반

평로平盧의 이정기李正己가 죽고, 아들 납李納이 스스로 진을 다스렸다.
주도朱滔, 전열田悅, 왕무준王武俊, 이납 등이 잇따라 모두 모반하였다.

○ 平盧李正己卒, 子納自領鎭.
朱滔 · 田悅 · 王武俊 · 李納, 先後皆反.

801 모두가 왕을 자칭하다

3년(782년), 네 사람이 모두 왕을 자칭하였다.

○ 三年, 四人皆自稱王.

【四人】朱滔가 冀王을 칭하였고, 田悅은 魏王을, 王武俊은 趙王을, 李納은 齊王을 칭하였다. 그들은 여전히 唐의 연호를 썼으며 옛날 諸侯들이 周나라를 모셔 正朔을 지키듯이 하였으나 약속과 다른 것이 있어 모두들 그들을 토벌하였다. 주도는 맹주가 되어 자신을 孤라 칭하였으며, 무준과 전열, 이납은 寡人이라 하였고 자신들이 거하는 곳을 殿이라 하고, 處分을 令이라 하며, 아랫사람의 上書를 牋이라 하고, 妻를 妃라 하며, 長子를 世子라 하였다. 각 다스리는 州를 府라 하고 留守兼元帥을 두었으며 東西의 두 曹를 두었고, 門下中書省을 두었으며, 左右內史와 侍中, 中書令을 두었고, 그 나머지 官職도 모두 天朝를 모방하여 그 명칭을 바꾸었다.(朱滔稱冀王, 田悅稱魏王, 王武俊稱趙王, 李納稱齊王. 仍唐年號, 如昔諸侯奉周正朔, 有不如約, 衆共伐之. 滔爲盟主稱孤, 武俊·悅·納稱寡人. 所居堂曰殿, 處分曰令, 輩下上書曰牋, 妻曰妃, 長子曰世子. 各以其所治州爲府, 置留守兼元帥. 又置東西曹, 視門下中書省, 左右內史視侍中, 中書令, 餘官皆倣天朝而易其名.)

802 이희열이 모반하다

이희열李希烈이 모반하였다.

○ 李希烈反.

803 간가세間架稅와 제맥전除陌錢

 하남河南, 하북河北 양도兩道의 출병으로 인해 재정이 몇 개월을 지탱할 수 없게 되었다. 우선 부자 상인의 돈을 긁어모으고 여러 도의 세금을 증액하였다. 4년, 간가세間架稅와 제맥전除陌錢 등의 세법을 시행하였다.

 ○ 兩河用兵, 府庫不支數月. 先括富商錢, 增諸道稅.
四年, 行稅閒架・除陌錢等法.

【兩河】 河南과 河北.
【富商錢】《通鑑》에 "韓都賓과 陳京이 건의하였다. '화물의 이익은 모두 富商들에게 있으니 이를 검속하여 萬緡씩 내는 자는 그 이상의 것은 모두 군용에 공급하기를 청합니다.'라 하였다"라 함.(通鑑: 韓都賓・陳京建議: 「貨利皆在富商, 請括. 每錢出萬緡者, 借其餘以供軍.」 -원주)
【增諸道稅】 淮南節度使 陳少游가 "本道의 稅錢은 천 단위마다 1백씩 증액하기를 청합니다."이리하여 여러 도의 세전을 증액하여 모두 淮南과 같아졌으며 다시 소금 한 말 값도 百錢씩 증액하였다.(淮南節度使陳少游奏: 「本道稅錢, 每千請增一百.」 乃詔增諸道稅錢, 皆如淮南. 又鹽一斗價, 皆增百錢. -원주)
【稅間架】 趙贊이 "매 가옥마다 두 건물을 한 간으로 하여 매 간마다 上屋은 가옥세를 2천, 中屋은 천, 下屋은 5백으로 하기를 청합니다"라 하였다.(趙贊奏: 「每屋兩架爲間, 每間上屋稅錢二千, 中稅千, 下稅五百.」 -원주)
【陌錢法】 公私의 給與와 賣買는 每 緡마다 官에 50錢과 기타 다른 물건을 유치시키며 서로 貿易하는 자는 계약에 따라 그 비율을 정하였다.(公私給與及買賣, 每緡官留五十錢及他物, 及相貿易者, 約錢爲率. -원주)
● 본장에 대한 范氏의 史評은 다음과 같다.
范曰: 「德宗有平一海內之志, 而求欲速之功, 不務養民而先用武. 軍食不足, 則暴征橫斂以繼之. 民愁兵怨激而成亂. 自古不固邦本而攻戰不息者, 必有意外之患. 此後主之深戒也.」

804 대진황제大秦皇帝를 참칭

이희열李希烈이 양성襄城에 침범해오자 조서를 내려 경주涇州, 원주原州 등 관내關內의 병력을 징발하여 이를 구원토록 하였다. 경주, 원주의 절도사 요령언姚令言이 이끌고 경사京師를 지나가게 되어 이들을 위로하여 먹여주었는데, 오직 거친 쌀로 지은 밥에 채소를 넣어 뭉친 것이었다. 이에 병사들이 노하여 일으켜 성長安城 안으로 난입하였다.

덕종이 달아나자 난군은 태위太尉 주자朱泚를 받들어 우두머리로 추대하였다. 사농경司農卿 단수실段秀實이 주자를 주살하려 꾀하였으나 이기지 못하였다.

주자가 군중을 불러 자신이 칭제할 것을 논하자 단수실은 분개하여 그 얼굴에 침을 뱉고 크게 꾸짖으며 홀笏로 주자의 이마를 쳐버려 피가 땅에 흩뿌려졌다. 주자는 노하여 수실을 죽이고 드디어 대진황제大秦皇帝를 참칭하였다.

이에 앞서 상도무桑道茂라는 술사(점쟁이)가 있었는데 그는 이렇게 말하였었다.

"몇 년 후에 천자가 대궐을 떠나야 할 액운이 있다. 그러나 봉천奉天, 關中에 천자의 기氣가 있으니 의당 그 성을 높여 비상사태를 대비하여야 하리라."

덕종은 그의 말대로 봉천성을 높이 쌓았었다. 그런데 이때에 이르러 드디어 봉천으로 달아나 있게 되었다. 주자가 봉천성을 범하자 이성李晟이 군사를 이끌고 구원하러 달려왔고, 혼함渾瑊이 주자를 공격하여 깨뜨렸다. 이리하여 봉천의 포위는 풀렸으며 이회광李懷光도 이 난에 달려와 역시 주자의 병력을 깨뜨리고 봉천에 이르렀다. 그리고 들어가 노기盧杞의 간악함을 아뢰려 하였으나 노기가 가로막고 있어 뵈러 들어가지 못하고 떠나면서 표를 올려 노기의 죄악을 폭로하였다. 세상의 중론도 역시 노기를 탓하며 성토함이 비등하자 덕종은 그를 좌천시켜 멀리 보내지 않을 수 없었다.

○ 李希烈寇襄城, 詔發涇原等道兵救之. 涇原節度使姚令言, 將兵過京師, 犒師惟糲食菜餕, 衆怒作亂入城. 上出奔, 亂兵奉太尉朱泚爲主. 司農卿段秀實謀誅泚, 不克. 泚召衆議稱帝, 秀實唾其面大罵, 以笏擊泚額, 血濺地. 泚殺之, 遂僭號大秦皇帝.

先是有術士桑道茂, 言:「數年後有離宮之厄. 奉天有天子氣. 宜高大其城, 以備非常.」

上從之. 至是遂奔奉天. 泚犯奉天, 李晟率兵赴援, 渾瑊擊泚破之. 奉天圍解, 李懷光赴難, 亦破泚兵, 至奉天. 欲入白盧杞之姦, 杞隔之, 不得入見而行, 上表暴杞惡. 衆論亦喧騰咎杞, 上不得已遠貶之.

【襄城】縣 이름으로 汝州에 속함.
【涇】州 이름으로 陝西에 속하며 安定郡.
【原】州 이름으로 鞏昌에 속하며 鎭原州.
【犒】먹여줌.(饗也.)
【糲】거친 현미쌀.(麤糲.)
【奉天】郡 이름으로 陝西에 속하며 乾州.
【遠貶】盧杞를 新州司馬로 폄직하였음.

805 황제가 천하에 사과하십시오

홍원興元 원년(784년), 대사大赦를 행하자 육지陸贄가 덕종에게 이렇게
권하였다.

"폐하께서 스스로를 죄인이라 여겨 천하에 사과하시기를 권합니다."

덕종이 봉천에서 하달된 조서를 두고 교만했던 장수도, 간악했던
병졸들도 이를 듣고 감격하여 눈물을 흩뿌리지 않는 자가 없었다.

그러자 왕무준王武俊, 전열田悅, 이납李納의 무리도 글을 올려 죄를
빌었다.

○ 興元元年, 大赦.

陸贄勸上:「罪己以謝天下.」

奉天所下書詔, 驕將悍卒, 聞之無不感激揮涕.

王武俊·田悅·李納, 上表謝罪.

【謝罪】 이 해에 왕무준 등이 모두 왕호를 포기하였음.(是年王武俊等皆去王號.
─원주)

806 대초황제大楚皇帝를 참칭

이희열李希烈이 대초황제大楚皇帝를 참칭하였다.(784년)

○ 李希烈僭號大楚皇帝.

807 경림대영고瓊林大盈庫

행궁에 경림대영고瓊林大盈庫를 세웠으나 육지陸贄가 간하여 그 간판을
없애버렸다.

○ 置瓊林大盈庫於行宮, 陸贄諫, 去其榜.

【大盈庫】 여러 道의 貢物과 헌상품을 저장하던 창고.(以貯諸道貢獻之物. −원주)
【行宮】 奉天에 있었음.

808 덕종德宗이 피난하다

이회광이 반란을 일으키자 덕종은 양주梁州로 달아났다.

○ 李懷光反, 上奔梁州.

【反】임금에게 달려가 도운 공이 있었으나 임금을 뵐 수 없게 되자 반란한 것임.(以赴援有功, 而不得見上故反. -원주)

809 전서田緒

위박魏博의 전서田緒가 전열田悅을 죽이고 자신이 그 군부를 다스렸다.

○ 魏博田緒, 殺田悅, 自領軍府.

【田緒】田悅의 조카.

810 이성李晟이 장안을 수복하다

이성李晟이 장안을 이겨 수복하였다. 주자朱泚는 달아났으나 그의 장수가 그를 목 베어 항복하였다. 이성의 공개적인 전승의 글이 행재소에 이르렀는데 그 내용은 이러하였다.

"신은 이미 금궁禁宮을 깨끗이 해놓았습니다. 침원寢園에 제사지내어 알현 드렸고 종거鐘簾도 손상 없이 그대로 있어 사당의 모습은 전과 다름없이 온전합니다."

덕종은 이를 보고 눈물을 흘리면서 말하였다.

"하늘이 이성을 이 세상에 내려 주신 것은 사직을 위해서이지 짐만을 위해서 한 것은 아니다."

○ 李晟克復長安, 朱泚走, 其將斬之以降, 晟露布至行在曰: 「臣已肅淸宮禁, 祗謁寢園, 鐘簾不移, 廟貌如故.」

上覽之泣曰: 「天生李晟, 以爲社稷, 非爲朕也.」

【將】梁庭芬이었음.

【露布】곧바로 그 일을 비단에 써서 옻칠을 한 장대에 매달아 이를 드러나게 하여 봉하지 않음으로 세상에 공개적으로 널리 알림을 말함.(直書克復之事於帛, 建於漆竿. 露布不封, 以示中外. ―원주)

【鐘簾】종을 매달고 북을 거는 틀. 여기서는 국가의 예악이 온전함을 뜻함.

811 덕종德宗이 장안으로 환궁하다

덕종이 장안으로 돌아왔다.

○ 車駕還長安.

812 안진경顏眞卿이 죽임을 당하다

안진경顏眞卿이 이희열에
게 죽임을 당하였다. 이에
앞서 안진경은 노기盧杞에
게 모함을 입어 노기가 이희
열에게 안진경을 사신으로
보내자 사람들이 이렇게 말
하였었다.

"하나의 원로元老 잃는 것
은 나라의 수치이다."

〈안진경〉《三才圖會》

적의 진중으로 들어가자 희열은 그를 억류하여 2년이 되도록 그는
끝내 이희열에게 굴복하지 않아 마침내 그들에게 교살당하고 만 것이다.

○ 顏眞卿爲李希烈所殺.

先是眞卿爲盧杞所陷, 遣奉使希烈所, 人言:「失一元老, 爲國
家羞.」

至賊中, 留之, 將二歲, 不屈, 竟爲賊所縊.

813 노기盧杞

정원貞元 원년(785년), 노기盧杞가 용서받고 다른 곳으로 옮겨갔다.
그리고 다시 서울로 오던 차에 죽었다.

○ 貞元元年, 盧杞量移, 將再入而卒.

【盧杞卒】盧杞는 먼저 新州司馬로 폄직되었다가 이때에 이르러 사면을 만나
吉州長史로 옮기게 되었다. 그는 남에게 "나는 반드시 다시 서울로 들어가게
될 것이다"라 하였는데 얼마 후 과연 임금이 그를 饒州刺史로 삼아주었다.
그런데 袁高가 불가하다고 하여 드디어 澧州別駕로 가던 중에 죽었다.(案:
杞先貶新州司馬, 至是遇赦, 移吉州長史. 謂人曰:「吾必再入.」未幾上果用爲饒
州刺史, 袁高不可, 遂以杞爲澧州別駕, 而卒. ―원주)

814 주도朱滔가 죽다

유주幽州의 주도朱滔가 죽었다.

○ 幽州朱滔卒.

815 마수馬燧

마수馬燧와 여러 군사가 하중河中을 평정하자 이회광李懷光은 목매어
죽었다.

○ 馬燧及諸軍平河中, 李懷光縊死.

【河中】府이며 山西에 속한다. 河東郡이다.

816 진선기陳仙奇와 오소성吳少誠

2년(786년), 회서淮西의 장수 진선기陳仙奇가 이희열을 죽이고 항복하였다. 이어 오소성吳少誠이 다시 진선기를 죽이자 조정에서는 오소성으로 하여금 그 곳을 진수하게 인정하였다.

○ 二年, 淮西將陳仙奇, 殺李希烈以降. 吳少誠殺仙奇, 朝廷因以少誠領鎮.

817 융적戎狄은 믿을 수 없다

3년(787년), 장연상張延賞이 동평장사
同平章事가 되었다. 이에 앞서 토번吐蕃의
상결찬尙結贊이 염주鹽州, 하주夏州를
점거하자 이성李晟이 그 중의 보堡 하나
를 깨뜨렸고 혼함渾瑊과 마수馬燧가 각기
군사를 일으켜 이에 임하자 상결찬은
겁을 내며 강화를 청하면서 마수에게
말을 낮추고 후한 예물을 주면서 주선에
나서 줄 것을 요청하였다.

마수가 이 말을 믿고 조정에 강화를
허락할 것을 청하자 이성이 이렇게
말하였다.

"융적戎狄은 믿을 수 없습니다. 쳐
버리느니만 못합니다."

그런데 장연상은 이성과 틈이 있던
터라 수차례 토번과는 강화하는 것이
편하다고 말하여 마침내 혼함을 평량
平凉으로 파견하여 토번과 맹약토록
하였다. 그러나 토번이 이 맹약을 저
버려 혼함은 도망하여 화를 면하였
다. 토번은 이성, 마수, 혼함 등 세
장수를 겁내었는데 이때에 이렇게 말
하였다.

〈大秦景教流行中國碑〉기독교 전래에
관한 비석

"이 세 사람만 제거되면 당나라는 가히 노려볼 만하다."

이에 이성을 황제와 이간시키고 마수는 강화를 주선하게 해 놓고,
혼함을 잡아 마수에게는 이번 실패를 이유로 죄를 함께 뒤집어쓰도록

하였던 것이며, 이를 바탕으로 군대를 풀어 곧바로 장안을 침범할 예정이었다. 그런데 마침 혼함을 놓쳐버려 이 계획을 중지시키게 된 것이었다.

○ 三年, 張延賞同平章事.

先是吐蕃尙結贊, 據鹽夏州, 李晟嘗破其一堡, 渾瑊, 馬燧各擧兵臨之, 懼而請和, 卑辭厚禮, 求於馬燧, 燧信而請於朝, 晟曰:「戎狄無信, 不如擊之.」

延賞與晟有隙, 數言和便, 遣渾瑊與吐蕃盟於平涼.

吐蕃刦盟, 瑊走免. 吐蕃畏晟燧瑊, 曰:「去此三人, 則唐可圖也.」

於是離閒晟, 因燧以求盟, 欲執瑊以賣燧使幷得罪, 因縱兵直犯長安. 會失瑊而止.

【鹽州】 州 이름으로 甘肅에 속한다.
【數】 음은 '삭'이다.(音朔. −원주)

818 이필李泌

이필李泌이 동평장사가 되었다. 덕종德宗이 이필과 조용히 자신이
즉위한 이래 재상들에 대하여 논의하며 이렇게 말하였다.
"사람들은 노기를 간사하고 교활한 사람이라 하지만 나는 그와 달리
그렇게 생각하지 않소."
이필이 말하였다.
"이렇게 느끼시도록 하는 것이 바로 간사함입니다. 만약 깨달으셨다면
어찌 건중建中의 난亂이 있었겠습니까?"
이필은 모책과 재략이 있었으나 신선神仙이나 궤탄한 이야기를 좋아
하여 그 때문에 세상 사람들은 그를 경박하다고 여겼다. 재상이 된 지
3년이 안되어 죽었다.

○ 李泌同平章事.
上與泌從容論卽位以來宰相:「人言盧杞姦邪, 朕殊不覺.」
泌曰:「此乃所以爲姦邪也. 倘覺之, 豈有建中之亂乎?」
泌有謀略, 而好談神仙詭誕, 故爲世所輕, 爲相未三歲而卒.

【建中】奉天으로 도망하였을 때의 年號.

819 육지陸贄

8년(792년), 육지陸贄가 동평장사가 되었다.

○ 八年, 陸贄同平章事.

〈육지(敬興)〉《三才圖會》

820 이성李晟이 죽다

9년(793년), 태위중서령서평충무왕太尉中書令西平忠武王 이성李晟이
죽었다.

○ 九年, 大尉中書令西平忠武王李晟卒.

〈이성(良器)〉《三才圖會》

821 육지陸贄가 파직되다

10년(794년), 육지陸贄가 파직되었다.

○ 十年, 陸贄罷.

【陸贄】 육지는 裴延齡의 姦邪의 죄에 연좌되어 太子賓客으로 폄직되었다.(坐論 裴延齡姦邪之故, 罷爲太子賓客. ―원주)

822 자신의 성적표를 자신이 쓰다

11년(795년), 육지陸贄가 충주忠州의
별가別駕에 좌천되었다. 육지는
봉천에서 황제를 모신 이래로 자신
의 힘을 가장 많이 편 사람이었다.
일마다 거론하고 간언하여 절박한
일을 백 번이나 올렸었다. 그러나
덕종은 지난날의 원수까지 들먹이자
이를 원수 같은 말이라 여겼으며,
게다가 그는 참언까지 입어 그 때문
에 좌천된 것이다.

하현下縣 양성陽城이 처사處士로
있다가 불려와 간의대부諫議大夫가
되자 모두들 그의 풍채를 보고

〈한유(退之)〉

희망을 걸었다. 그러나 7년이나 그 자리에 있으면서 간언을 한 일이
없자 한유韓愈가 〈쟁신론爭臣論〉이라는 글을 지어 이를 기롱하였다.

이에 이르러 판탁지判度支 배연령裴延齡이 육지를 참소하자 양성은
여러 간관諫官들을 거느리고 대궐을 지키며 배연령의 간녕姦佞함과
육지의 무죄를 변론하였다. 당시 조만간 곧 배연령을 재상으로 삼을
것이라 하였는데 이에 양성은 이렇게 말하였다.

"만약 배연령을 재상으로 삼는다면 마땅히 흰 베를 가져다 이를
찢어버리리라."

양성은 이 일로 도리어 국자사업國子司業으로 좌천되었으며 뒤에 다시
도주道州 자사로 폄직당하였다. 그는 백성 다스리기를 집안 다스리듯
하면서도 자신에 대한 고과를 스스로 작성하면서 이렇게 썼다.

"백성을 위무하고 사랑함에는 마음 노고를 다하지만 조세 독촉의
정사에는 졸렬함. 고과는 하下의 하下임."

○ 十一年, 貶贄忠州別駕. 贄自奉天以來, 宣力最多. 隨事論諫, 剴切百奏. 帝追仇盡言, 又被譖, 故貶.

初夏縣陽城以處士徵, 爲諫議大夫, 皆想望風采. 在職七年而不諫, 韓愈作爭臣論譏之. 至是判度支裴延齡譖贄, 城率諸諫官, 守闕論延齡姦佞, 贄無罪.

時朝夕且相延齡, 城曰:「脫以延齡爲相, 當取白麻壞之.」

慟哭於庭, 遂沮. 城左遷國子司業, 後又貶道州刺史.

治民如治家, 自書其考曰:「撫字心勞, 催科政拙, 考下下.」

【夏縣】解州에 속하는 현.

【陽城】인명. 陽은 성이며 城은 이름.

【脫】《小學》注에 "만약 ~라면"의 뜻이라 하였다.(倘, 若也.)

【白麻】詔敕을 쓰는 종이.《儒林傳》에 "蔡倫이 木膚麻頭弊布로써 종이를 만들었다"라 하였다.(寫詔敕紙, 儒林傳: 蔡倫用木膚麻頭弊布爲紙. −원주)

【道州】湖南에 속하는 주 이름.

【撫字心勞】字는 愛이다. 백성을 사랑함을 말한다.(字愛也, 謂愛養百姓. −원주)

【考下下】그 사실을 고핵함이며 그 공을 고핵한다면 下의 下에 해당한다는 뜻이다.(考核實也, 謂若考實其功, 則當下下也. −원주)

823 오소성吳少誠이 모반하다

14년(798년), 회서淮西의 오소성吳少誠이 모반하였다.

○ 十四年, 淮西吳少誠叛.

824 덕종德宗이 죽다

21년(805년), 덕종德宗이 죽었다. 재위 27년에 연호를 세 번 고쳐 건중建中, 흥원興元, 정원貞元이라 하였다.

즉위 초 정치가 청명하기는 2년, 그러나 노기盧杞가 등용되고 나서는 반란이 잇따랐고 말년에는 겨우 고식적으로 겨우 견뎌낼 뿐이었다.

태자가 섰다.(805년) 이가 순종황제順宗皇帝이다.

○ 二十一年, 上崩. 在位二十七年, 改元者三: 曰建中·興元·貞元. 初政淸明者二歲, 而盧杞用矣, 叛亂相繼, 末年姑息而已. 太子立, 是爲順宗皇帝.

【建中】 즉위 2년 庚中에 연호를 바꾸었다.

❊ 德宗의 치적에 대한 功過를 胡氏는 다음과 같이 평하고 있다.

胡曰「德宗有斷四海之勢, 而鋒銳銷爽, 一至於此何也? 不知持志之方, 爲氣所動也. 聖人喜怒在物而不在己, 衆人喜怒在己而不在物. 惟喜怒在物, 故登十六相以其賢也, 流四兇以其罪也. 若持衡, 若懸鏡, 若用尺, 度輕重姸媸長短, 我無與焉. 是以其德行其威立而天下服. 唯喜怒在己, 故忠賢者, 則惡之忌之, 疎之出之; 跋扈者, 則畏之下之, 撫之綏之. 若疲將之悍馬, 若慈母之驕子, 若守門之大盜, 動靜欲惡死生, 我不能自立焉. 是以其德不流, 其威不肅, 而天下玩侮之矣. 暴其氣而氣衰矣. 志不爲主, 故宜剛而柔, 宜怯而勇, 奮然而折乃不當斷者也, 惕然懼乃不當懼者也, 使其知持志之方, 義理是憑, 豈有此患乎?」

10. 順宗皇帝

825 순종황제順宗皇帝

순종황제順宗皇帝는 이름이 송李誦이며 막 태자였을 때, 글씨를 잘 쓰는 왕비王伾라는 자와 바둑을 잘 두는 왕숙문王叔文이라는 자가 함께 드나들며 오락 삼아 그를 모실 때 이렇게 말하였었다.

"아무개는 재상이 될 만하고 아무개는 장군이 될 만

〈유종원(子厚)〉《三才圖會》

하다. 뒷날 이들을 등용하면 다행이리라."

그러고는 몰래 학사學士 위집의韋執誼와 조정의 이름난 선비 중에 승진에 안달이 난 자들과 사귀었다.

바로 육순陸淳, 여온呂溫, 이경검李景儉, 한엽韓曄, 한태韓泰, 진간陳諫, 유종원柳宗元, 유우석劉禹錫 등이었다. 이들과 죽음으로써 사귀기를 약속하면서 날마다 모여 놀았는데, 그 행적을 숨기고 비밀로 하여 아무도 그 단예端倪를 눈치 채지 못하였다.

덕종이 죽고 태자가 순종으로 즉위하였다.

이에 앞서 순종은 풍질이 있어 말을 제대로 하지 못한 지가 다섯 달 남짓이었다. 그리하여 왕비王伾와 왕숙문王叔文 등이 정치를 맡아보았었다.

順宗皇帝:

名誦, 方爲太子時, 有善書者王伾, 善棋者王叔文, 俱出入娛侍, 因言:「某可相, 某可將, 幸異日用之.」

密結學士韋執誼, 及朝士有名而求速進者, 陸淳·呂溫·李景儉·韓曄·韓泰·陳諫·柳宗元·劉禹錫等, 定爲死交, 日與游處, 蹤跡詭祕, 莫有知其端倪者.

德宗崩, 太子卽位, 先是有風疾失音, 五閱月矣, 伾叔文等用事.

【端倪】《莊子》注에「端, 緖; 倪, 畔也.」라 함.

826 육지陸贄와 양성陽城

순종은 육지陸贄와 양성陽城의 공을 추모하여 서울로 불렀으나 그들은
미처 도착하지 못한 채 죽었다.(805년)

○ 追陸贄·陽城赴京, 未至卒.

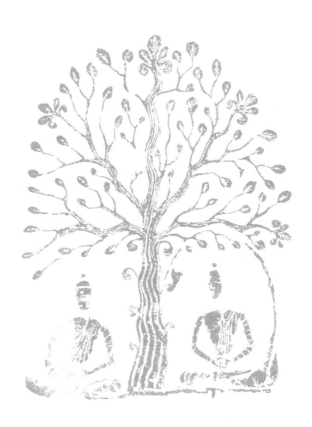

827 제위를 태자에게 물려주다

순종은 재위 중에 연호를 영정永貞으로 고쳤다. 겨우 여덟 달 만에 태상황太上皇을 자칭하며 제위를 태자에게 전하였다. 이가 헌종장무황제憲宗章武皇帝이다.

○ 上在位改元: 曰永貞. 僅八月, 自稱太上皇, 傳位於太子, 是爲憲宗章武皇帝.

11. 憲宗皇帝

◉ 憲宗. 唐나라의 제11대 황제.
李純. 806년~820년 재위.

828 헌종황제憲宗皇帝

헌종황제는 이름이 순李純이며 28살에
태자가 되어 감국監國의 직을 맡아보다가
이윽고 황제의 위에 올랐다.(806년)
　헌종은 왕비와 왕숙문을 좌천시켰다.
왕비는 병을 얻어 죽고 왕숙문은 사사賜死
받고 자살하였다. 그들의 일당이 모두
먼 곳으로 폄직되었다.

〈당 헌종〉《三才圖會》

憲宗皇帝:

　名純, 年二十八爲太子監國, 尋卽位. 貶王伾·王叔文. 伾病死,
叔文賜死, 其黨皆遠貶.

【其黨皆遠貶】 王伾를 開州司馬로, 王叔文은 渝州司馬로, 韓泰는 撫州刺史로, 韓曄은 饒州刺史로, 柳宗元은 柳州刺史로, 劉禹錫은 連州刺史로, 韋執誼는 崖州司馬로, 陳諫은 台州司馬로 폄직시켰으며 그 나머지는 상고할 수 없다.(貶伾開州司馬, 叔文渝州司馬, 韓泰撫州刺史, 韓曄饒州刺史, 柳宗元柳州刺史, 劉禹錫連州刺史, 韋執誼崖州司馬, 陳諫台州司馬, 餘未有考. −원주)

829 유벽劉闢이 모반하다

원화元和 원년(806년), 서천西川 절도사 유벽劉闢이 모반하였다.
동평장사 두황상杜黃裳이 고숭문高崇文을 추천하여 이를 토벌토록
하였다.

○ 元和元年, 西川節度使劉闢反.
同平章事杜黃裳, 薦高崇文討之.

【西州】縣 이름으로 蜀郡이다.

830 양혜림楊惠琳

하주夏州 유후留後 양혜림楊惠琳이 조정의 명령을 거역하자 조서를
내려 이를 토벌하였다. 그는 병마사兵馬使에게 죽었다.

○ 夏州留後楊惠琳, 拒朝命, 詔討之. 爲兵馬使所斬.

831 유벽劉闢을 사로잡아 참수하다

고승문高崇文이 성도成都에서 승전하여 유벽劉闢을 사로잡아 서울로
보내어 이를 참수하였다.

○ 高崇文克成都, 擒劉闢, 送京師斬之.

832 이기李錡가 모반하다

2년(807년), 진해鎭海 절도사 이기李錡가 모반하자 조서를 내려 이를 토벌하였다. 병마사가 이기를 잡아 서울로 보내어 이를 참수하였다.

○ 二年, 鎭海節度使李錡反, 詔討之. 兵馬使執錡, 送京師斬之.

【兵馬使】 그 부하에 張子良, 李奉仙, 田少卿 등이 있었다.

833 사타沙陀의 추장 주사진충朱邪盡忠

3년, 사타沙陀의 추장 주사진충朱邪盡忠이 아들 집의執宜와 함께 투항해 왔다. 사타는 용맹하기가 여러 호족胡族 중에서 으뜸이었다. 그래서 토번吐藩은 매번 전쟁 때마다 언제나 사타를 선봉으로 삼았다.

뒤에 토번은 사타가 회골回鶻과 내통하고 있다고 의심하여 그를 하외河外로 내쫓으려 하자 사타는 이를 두려워하여 당나라에 귀의한 것이다. 당나라는 이를 영주靈州에 두고 정벌과 토벌에 이를 이용하였는데 그들은 번번이 승리하였다.

○ 三年, 沙陀朱邪盡忠, 與其子執宜來降. 沙陀勁勇冠諸胡. 吐蕃每戰以爲前鋒. 後疑其貳於回鶻, 欲遷之河外, 懼而歸唐. 置之靈州, 用以征討, 皆捷.

【沙陀朱邪盡忠】西突厥 출신으로 뒤에 스스로 沙陀라 하였다. 朱邪는 성이며 盡忠은 이름이다. 일설에 沙陀는 大磧으로 지금의 金莎山의 남쪽 蒲類海의 동쪽에 있었다고도 한다.(出西突厥, 後自號曰沙陀. 朱邪姓, 盡忠名. 一說, 沙陀大 磧也, 在金莎山南蒲類海之東. −원주)

【鶻】回紇이었으며 덕종 때 回鶻로 바꾸었다. 鶻은 송골매로 그 매의 높이 낢의 뜻을 취한 것이다.(本作紇德宗時, 請改曰鶻, 鶻鷙鳥也, 取其鷹揚之義. −원주)

834 뛰어난 재상들

두황상杜黃裳의 뒤를 이어 재상이
된 사람은 무원형武元衡, 이길보李吉
甫, 배게裴垍, 이번李藩, 이강李絳 등
으로 모두가 어진 재상이었다.

배게가 이길보를 위해 인재 30명
을 일러 주자 이길보는 몇 달 안에
그들을 남김없이 모두 등용하였
다. 이에 모두 그에 맞는 인물을
얻었다고 칭찬하였다.

배게는 그릇 됨이 준엄하고 엄
정하여 사람마다 감히 사사로운
일로 그에게 요구하는 것이 없었
다. 일찍이 이번이 급사중給事中으
로써 임금의 칙령에 불가한 일이

〈白居易(樂天)〉

있어 즉시 이를 비판하자 관리가 다시 그를 비단에 써서 붙여 줄 것을
청하였다. 이번은 이렇게 말하였다.

"이와 같이 하면 이는 정상을 알리는 것이 되오. 어찌 비칙批勅이라는
이름이 되겠소?"

배게가 이번을 추천하여 재상이 되었다. 이번은 알고 있는 것이면
말하지 않는 것이 없었다.

한편 이강은 강직하고 올곧았으며 이길보는 천자의 뜻을 받아주고
맞아주는 데 뛰어났었다.

그리하여 매번 이강이 이길보와 헌종 앞에서 쟁론을 벌일 때마다
헌종은 대체로 이강이 옳다고 하였다.

당시 조정에는 최군崔羣, 백거이白居易 등이 있었는데 모두가 곧은
말로 알려져 원화元和 시대에 조정이 청명했던 것은 이 때문이었다.

○ 自杜黃裳以後, 相繼爲相者, 武元衡・李吉甫・裴垍・李藩・李絳, 皆賢相. 垍嘗爲李吉甫疏人才三十餘, 數月用盡, 翕然稱爲得人. 垍器局峻整, 人人不敢干以私.

〈백락천(거이)〉《三才圖會》

藩嘗爲給事中, 制敕有不可者, 卽批之, 吏請更連素紙, 藩曰: 「如此則狀也. 何名批敕?」

垍薦之爲相, 知無不言. 絳鯁直, 吉甫善逢迎. 絳每與爭論於上前, 上多直絳. 時在朝如崔羣・白居易等, 皆謇謇直. 元和之世, 朝廷淸明以此.

【批之】 곧바로 누런 종이에 써서 나중에 고쳐 적을 수 없도록 한 것이다.(直於黃紙後批寫不可. —원주)
【素紙】 따로 흰 종이에 써서 칙령의 뒤에 붙였음을 말한다.(謂別用白紙書之, 連粘勅後. —원주)
【逢迎】 임금의 뜻이 아직 싹트기 전에 먼저 그 뜻을 선도해 줌을 '逢迎'이라 한다.(君意未萌. 而先意導之曰逢迎. —원주)
【直絳】 이강의 말을 곧다고 여긴 것임.(以絳言爲直. —원주)

835 조정에 대든들 과연 무슨 이익이 있겠는가?

7년(812년), 위박병마사魏博兵馬使 전흥田興이 관리를 보내줄 것을 청하며 공물을 바쳤다. 헌종憲宗은 조서를 내려 전흥을 절도사에 임명하고, 배탁裴度을 보내어 위로토록 하면서 돈 150만 민緡을 하사하여 그의 군사들을 먹여주고, 그 곳 6주州의 백성에게는 모두 1년의 세금

〈裴度(中立)〉《三才圖會》

을 면제해 주었다. 군에서는 하사품을 받고 즐거워하는 함성이 우레같았다. 성덕군盛德軍과 연兗, 운鄆 등 여러 진鎭 절도사들이 이를 보고 서로 바라보며 실색하여 탄식하였다.

"고집을 부려 강하게 조정에 대든들 과연 무슨 이익이 있겠는가?"

조정에서는 전흥에게 홍정弘正이라는 이름을 하사하였다.

○ 七年, 魏博兵馬使田興, 請吏奉貢, 詔以爲節度使, 遣裴度宣慰, 賜錢百五十萬緡犒其軍, 六州百姓, 皆給復一年.

軍受賜歡聲如雷. 成德克鄆諸鎭使者見之, 相顧失色, 歎曰:「倔强者果何益乎?」

賜興名弘正.

【倔强】 복종하지 않음.(不柔服也. -원주)

【奉貢】 처음 魏博節度使 田季安이 죽었을 때 그 아들 懷諫은 幼弱하여 軍政을 家僮에게 결재를 받고 있었다. 그러자 모두가 忿怒하여 田興을 留後로 추천하였다. 전흥은 이 임무를 면할 수 없음을 헤아려 무리에게 "副大使에게 대들지 말라. 조정의 법을 지켜 版籍을 신청할 때는 官吏에게 청한 후에 결재를 하라"라 하였다. 그러자 무리들이 수긍하였다.(初魏博節度使田季安薨, 其子懷諫幼弱, 軍政決於家僮, 衆皆忿怒, 推興爲留後, 興度不免, 乃謂衆曰:「勿犯副大使, 守朝廷法令, 申版籍, 請官吏然後可.」 衆曰諾. -원주)

【六州】 魏博節度使가 관할하던 여러 주이며 구체적으로는 알 수 없음.

【鄆州】 山東에 속하는 薛郡.

836 원화元和 시대의 정치는 비뚤어지기 시작하다

처음에 창의彰義절도사 오소성吳少誠이 전사하고, 그 아우 소양吳少陽이 나서서 그 군부軍府를 거느렸다. 오소양은 몰래 망명한 자들은 보살펴 기르고 있었는데 오소양이 죽자 그 아들 원제吳元濟가 나서서 그 군부를 거느리게 되었다. 그는 군사를 사방으로 풀어 마구 노략질하며 동도東都 근처까지 침범해 들어왔었다. 헌종은 16도道의 군사를 징발하여 이를 토벌하였다.

평로平盧절도사 이사도李師道가 오원제吳元濟를 사면할 것을 청하였으나 황제는 이를 허락하지 않았다.

배탁裴度이 회서淮西의 행영行營에 가서 군사를 선무 위로하고 돌아와 이렇게 말하였다.

"회서 지역은 가히 취할 수 있습니다."

헌종은 군사에 관한 일은 모두 동평장사同平章事 무원형武元衡에게 위임하였다.

이사도는 평소 자객이나 간사한 무리를 기르고 있었는데 그 중의 어떤 식객이 이렇게 청하였다.

"몰래 무원형을 죽여 없애면 그 밖의 재상들은 틀림없이 천자께 군사를 거두어 돌아갈 것 다투어 권할 것입니다."

사도는 그 말이 옳다 하고 자객을 보냈다. 무원형이 입조入朝하자 자객은 틈을 엿보아 그에게 활을 쏘아 죽여버렸으며 다시 배탁도 습격하여 그의 머리에 상처를 입혔다. 헌종은 노하여 도적 토벌을 더욱 급하게 서둘러 배탁을 동평장사에 임명하고는 이렇게 말하였다.

"내 배탁 한 사람만 의지해서도 족히 도적을 깨어버릴 수 있으리라."

그리고 다시 배탁에게 명하여 창의彰義절도사를 겸하고 회서의 선위 초토사宣慰招討使를 삼아 여러 군사를 감독하여 적의 토벌하에 나서게 하였다.

당등唐鄧절도사 이소李愬가 먼저 적장 정사량丁士良과 오수림吳秀琳, 이우李祐를 사로잡아 석방해 주어 그들을 이용하였다. 그리고 이우의 계략을 이용하여 눈이 내리는 밤에 70리를 행군하여 채주성蔡州城으로 들어갔다. 그리하여 연못의 거위와 오리를 쳐 시끄럽게 하여 군대의 소리와 뒤섞이게 하였다. 새벽이 되어 닭이 울자 원제元濟의 외택外宅을 점거해버렸다. 원제는 아성牙城에 올라가 저항하며 싸웠으나 이윽고 사로잡히게 되었다. 이를 함거檻車에 태워 서울로 보내어 목베었다. 이렇게 반란을 일으키고 주벌하기까지 2년의 전투가 있었으며 이 때는 원화 12년이었다.

회서淮西가 평정되자 헌종은 점차 교만과 사치를 일삼게 되었다. 이보다 2년 전 이미 이봉길李逢吉을 동평장사로 삼았었는데, 13년에 이르러 다시 탁지사度支使 황보박皇甫鏄을 등용하였다. 그런데 염철사鹽鐵使 정이程异는 선여羨餘를 헌종에게 바쳐 총애를 입어 황보박과 정이 두 사람이 함께 동평장사가 되자 조야가 모두 크게 놀랐다. 원화元和의 정치는 이렇게 비뚤어지기 시작하였다.

○ 初彰義節度使吳少誠死, 弟少陽自領軍府, 少陽陰養亡命, 少陽死, 子元濟自領軍府, 縱兵侵掠, 及東畿. 詔發十六道兵討之.

平盧節度使李師道, 請赦元濟, 不許.

裴度宣慰淮西行營, 還言:「淮西可決取.」

上悉以兵事, 委同平章事武元衡.

師道素養刺客姦人, 客請:「密往刺元衡, 則佗相必爭勸天子罷兵矣.」

元衡入朝, 賊暗射殺之, 又擊度傷首.

上怒, 討賊愈急, 以度同平章事, 上曰:「吾倚度一人足破賊.」

命度兼彰義節度使, 充淮西宣慰招討使, 督諸軍進討.

唐鄧節度使李愬, 先擒賊將丁士良・吳秀琳・李祐, 釋而用之.
用祐計, 雪夜七十里, 引兵入蔡州城. 擊鵝鴨池混軍聲, 鷄鳴入據
元濟之外宅. 元濟登牙城拒戰, 已而就擒. 檻送京師斬之. 自叛
及誅, 凡用兵二歲, 時元和十二年也.

淮西旣平, 上浸驕侈. 先是二歲, 已用李逢吉同平章事, 至十
三年, 又用度支使皇甫鎛, 鹽鐵使程异進羨餘, 有寵. 竝同平章事,
朝野駭愕, 元和之政非矣.

【彰義】淮西를 彰義軍이라 불렀음.
【東畿】京畿의 동쪽 지역.
【十六道】河東, 魏博, 邰陽, 朔方, 義成, 陝益, 鳳翔, 延慶, 宣武, 淮南, 宣歙,
浙西 등 12도에까지 이르렀다 하며 이는 韓愈의 〈平淮西碑〉에 자세히 실려
있음.(원주)
【唐鄧】두 州는 모두 河南에 속하며 당주는 豫州를 가리킴.
【蔡州】河南에 속하며 汝南을 가리킴.
【牙城】衙城과 같음. 고대 軍의 행령에 牙가 있었으며 높은 자가 있던 곳임.
뒤에 사람들이 이로써 그 치소를 衙라 하였음. 牙城은 衙城과 같음.(古者軍行有牙,
尊者所在, 後人因以所治爲衙. 曰牙城者, 卽衙城也. −원주)
【羨餘】부과된 세금 외에 남은 물건.(賦外之餘物. −원주)

837 법문사法門寺 탑에 불골佛骨을 안치하다

14년(819년), 봉상鳳翔의 법
문사法門寺 탑에 안치되어 있
던 석가의 손가락뼈를 장안
서울로 맞아들여 대궐 안에
사흘 동안 모셔놓았다가 여
러 절에 차례로 보내어 예배
토록 하였다. 왕공과 사민士民
들이 우러러 받들어 시주를
바치면서 그 정성에 미치지
못할까 걱정할 정도였다.

〈韓愈(退之)〉《三才圖會》

이에 시랑侍郎 한유韓愈가 글을 올려 극력 간하며 이를 물불에 던져
넣어 없앨 것을 청하였다. 헌종은 크게 노하여 한유를 조주潮州자사로
좌천시켰다.

○ 十四年, 迎鳳翔法門寺塔佛指骨至京師, 留禁中三日, 歷送
諸寺. 王公士民, 瞻奉捨施, 惟恐不及. 侍郎韓愈上表極諫, 乞以
投之水火. 上大怒, 貶潮州刺史.

【潮州】廣東에 속함.

● 韓愈의 〈論佛骨表〉의 대강은 다음과 같다.

案愈表. 其略曰:「佛者夷狄之一法耳. 自黃帝以來, 禹湯文武, 皆享壽考, 百姓安樂, 當是時未有佛也. 漢明帝時, 始有佛法. 其後亂亡相繼, 運祚不長. 宋齊梁陳元魏以下, 事佛漸謹. 年代尤促, 惟梁武帝, 在位四十八年, 前後三捨身爲寺家奴, 竟爲侯景所逼, 餓死臺城, 國亦尋滅. 事佛及禍, 由此觀之, 不足信矣. 如其身在奉命來朝, 陛下容接, 不過宣政一見, 禮賓一設, 賜衣一襲, 衛而出之, 不令惑衆. 況其身死, 枯朽之骨, 豈宜入宮? 群臣不言其非, 御史不擧其罪, 臣實恥之.」

● 한편 《통감》은 대체로 佛學에 대하여 긍정적이었으며 그 논의는 다음과 같다.

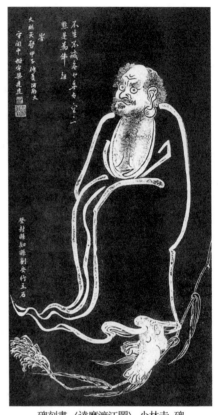

碑刻畫 〈達摩渡江圖〉 少林寺 碑

通鑑曰:「自戰國之世, 老莊與儒者爭衡, 更相是非. 至于士民, 莫不尊信. 下者畏慕罪福, 高者論唯空有. 獨愈惡其蠹財惑衆, 力排之, 其言多矯激大過. 惟送文暢師序, 最得其要. 曰:『夫鳥俛而啄, 仰而四顧; 獸深居而簡出, 懼物之爲己害也.』弱之肉强之食, 今吾與文暢, 安居而暇食, 優游以生死, 與禽獸異者, 寧可不知所自邪?」

838 이사도李師道의 목을 베다

평로平盧의 장수劉悟가 이사도李師道를 잡아 목베었다.

○ 平盧將執斬李師道.

【將】절도사 田弘正의 부하 都知兵馬使는 劉悟였음.(節度使田弘正下都知兵馬
使劉悟. —원주)

839 배탁裴度을 파직하다

배탁裴度이 파직되었다.

○ 裴度罷.

【裴度】'배도'로도 읽음.

840 환관이 헌종憲宗을 시해하다

15년(820년) 정월, 헌종이 갑자기 죽었다. 헌종은 금단金丹을 복용하여 성격이 거칠어져 좌우 신하들이 죄를 얻어 죽는 일이 있어 사람마다 스스로 위험을 느끼게 되자 환관 진홍지陳弘志가 시역弑逆해 버린 것이었다. 그러나 같은 환관들은 이 일이 드러날까 꺼려하여 단지 약으로 죽은 것이라 말하였다.

재위 16년, 연호를 원화元和로 고쳤다. 태자가 섰다. 이가 목종황제穆宗皇帝이다.

○ 十五年, 上暴崩, 上服金丹多躁, 左右獲罪有死者, 人人自危, 宦者陳弘志弑逆. 其黨諱之, 但言藥發.

在位十六年, 改元者一: 曰元和.

太子立, 是爲穆宗皇帝.

【元和】즉위 2년에 연호를 고쳤다.

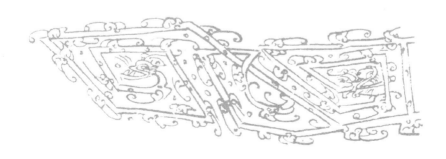

12. 穆宗皇帝

❀ 穆宗. 唐나라의 제12대 황제.
李恆. 821년~824년 재위.

841 목종황제穆宗皇帝

목종황제는 이름이 항李恆이었으며 즉위하여(821년) 연호를 장경長慶으로 고쳤다. 4년 만에 죽고 태자가 섰다.(824년) 이가 경종황제敬宗皇帝이다.

穆宗皇帝:
名恆, 卽位改元曰長慶. 四年崩, 太子立, 是爲敬宗皇帝.

13. 敬宗皇帝

⊙ 敬宗. 唐나라의 제13대 황제.
李湛. 825년~826년 재위.

842 경종황제敬宗皇帝

경종황제는 이름이 담李湛이다. 즉위한 후 황음하게 굴었으며 총신들이 정사를 보았다.

敬宗皇帝:

名湛, 卽位荒淫, 嬖倖用事.

【湛】 '담'으로 읽음.(徒咸切. -원주)

843 〈단의육잠丹扆六箴〉

이덕유李德裕가 〈단의육잠丹扆六箴〉을 바쳤다.

하나는 소의宵衣, 둘은 정복正服, 셋은 파헌罷獻, 넷은 납회納誨, 다섯은 변사辨邪, 여섯은 방미防微였다.

○ 李德裕獻丹扆六箴: 一曰宵衣, 二曰正服, 三曰罷獻, 四曰納誨, 五曰辨邪, 六曰防微.

【扆】 음은 '의.'(於豈切. −원주) 창문 사이를 뜻함.(戶牖閒也. −원주) 黼扆라고도 하며 그 제작은 屛風과 같음. 《書傳》을 볼 것.

【宵衣】 '視朝稀晚'을 풍자한 것임.

【正服】 '服制乖異'를 풍자한 것임.

【罷獻】 '徵求玩好'를 풍자한 것임.

【納誨】 '侮棄誨言'을 풍자한 것임.

【辨邪】 '信任群小'를 풍자한 것임.

【防微】 '輕出遊幸'을 풍자한 것임.

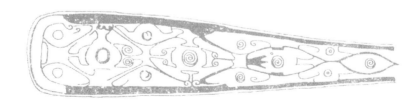

844 환관에게 시살당한 경종敬宗

경종은 놀이에 한도가 없었으며 성격이 편협하고 성미가 급하였다. 환관들은 걸핏하면 매질을 당하여 모두가 원망하고 있었다. 어느 날 밤, 경종이 사냥에서 돌아와 주연을 차려 한참 흥에 겨웠을 때 환관 유극명劉克明에게 시살당하고 말았다.(826년) 재위 3년, 연호를 보력寶曆이라 하였다. 강왕江王이 섰다. 이가 문종황제文宗皇帝이다.

○ 上遊戲無度, 性復褊急. 宦官動遭捶撻, 皆怨. 夜獵還宮, 酒酣爲宦者劉克明所弑. 在位三年, 改元者一: 曰寶曆.
江王立, 是爲文宗皇帝.

【寶曆】 즉위 2년에 연호를 고침.

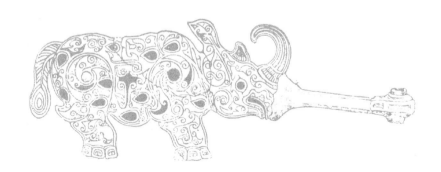

14. 文宗皇帝

845 문종황제文宗皇帝

(1) 환관에 의해 세워진 황제

문종황제文宗皇帝는 이름이 함李涵이며 목종穆宗의 아들로서 환관
왕수징王守澄의 옹립에 의해 황제가 되었다.(827년) 뒤에 이름을 앙李昂
으로 고쳤다.

文宗皇帝:

名涵, 穆宗子也, 爲宦者王守澄所立, 後改名昂.

【穆宗子】 목종의 아들이며 敬宗의 아우.

(2) 환관의 횡포와 유분劉蕡

태화太和 2년(828년), 문종이 친히 과거 시험을 실시하였다. 당시 환관들은 더욱 횡포를 부려 천자를 세우는 일까지도 그들의 손바닥에 있었으며 그 권력은 천자보다 우위였으나 그래도 누구하나 감히 말을 꺼내지 못하였다.

그런데 이번 현량방정과賢良方正科에 응시한 유분劉蕡이 대책에 이를 극력 거론하여 고관들이 모두 탄복하였지만 결국 그를 감히 채용하지는 못하였다.

이 시험에 급제한 이는 배휴裴休, 이합李郃, 두목杜牧, 최신유崔愼由 등 스물 두 사람인데 모두가 벼슬을 받았다. 세상의 중론이 공평하지 못했다고 시끄럽게 떠들어대자 이합은 이렇게 말하였다.

"유분이 낙제하고 나 같은 무리가 급제하였다. 어찌 얼굴이 두껍다 하지 않겠는가?"

그리고는 글을 올려 자기에게 내린 벼슬을 유분에게 돌려줄 것을 청했지만 회답이 없었다.

太和二年, 親策制擧人, 宦者益橫, 建置天子, 在其掌握, 權出人主之右, 無人敢言, 賢良方正劉蕡, 對策極言之, 考官皆歎服, 而不敢取. 中第者裴休, 李郃, 杜牧, 崔愼由等, 二十二人, 皆除官.

物論囂然稱屈, 郃曰:「劉蕡下第, 我輩登科, 能無顏厚?」

上疏乞回所授官於蕡, 不報.

【制擧】 唐나라 때 선비를 취하는 방법은 세 가지였다. 學館에서 뽑혀온 자를 生徒라 하며, 州縣에서 올린 자를 鄕貢이라 하여 모두 有司에 오를 수 있으며 함께 선발한다. 그리고 天子가 스스로 조칙을 내려 뽑힌 자를 制擧라 하는데,

비상한 재주를 가진 자를 대우하여 마련한 제도이다.(唐取士有三: 由學館者曰生徒, 由州縣者曰鄕貢, 皆升於有司, 而竝選之. 其天子自詔者曰制擧, 所以待非常之才. －원주)

【劉蕡對】劉蕡은 당시 賢良方正의 제거에 응시하였었음.(蕡時應賢良方正之擧. －원주) 그의 대책은 대략 다음과 같음. (其策略曰:「陛下將杜簒弑之漸, 則居正位而近正人, 輔相得以專其任, 庶職得以守其官. 奈何以褻近摠大政? 臣恐曹節侯覽復生於今日. 又曰: 忠賢無腹心之寄, 閽寺持廢立之權. 先君不得正其終, 陛下不得正其始. 又曰: 陛下何不塞陰邪之路, 屛藝狎之臣, 制侵陵迫脅之心, 復門戶掃除之役? 則可以奉典謨, 承丕緖矣. 又曰: 臣非不知言發而禍應, 計行而身戮, 蓋痛社稷之危, 哀生民之困. 豈忍姑息時忌, 竊一命之寵哉?」－원주)

● 한편 范氏는 본 장의 내용에 대하여 유분을 극찬하면서 다음과 같이 평하고 있다.

范曰:「宦宮脅制天子, 自宰相以下莫敢言. 劉蕡布衣, 無一命之寵, 而懷忠發憤極言其禍, 可謂直矣. 公卿大臣, 豈不愧哉!」

【物論】衆論과 같음.

【顔厚】부끄러움을 모름.(羞愧也. －원주)

846 송신석宋申錫

태화 5년(831년), 문종은 동평장사同平章事 송신석宋申錫과 환관을 주살하고자 모의하였으나 성공하지 못하였으며 송신석은 폄직되어 죽었다.

○ 太和五年, 上與同平章事宋申錫, 謀誅宦官, 不克, 申錫貶死.

【申錫】 처음 文宗이 申錫과 宦官을 주멸해버릴 모책을 짜고 있었는데 京兆尹 王璠이 그 모책을 누설하여 王守澄 등이 이를 알고는 사람을 시켜 申錫이 왕을 폐위할 모의를 짜고 있다고 무고하였다. 임금이 이를 믿고 드디어 申錫을 開州司馬로 폄직시켰으며 마침내 그는 그곳에서 죽었다.(初文宗與申錫謀誅宦官, 而以京兆尹王璠泄其謀. 王守澄等知之, 令人誣告申錫謀廢立. 上信之, 遂貶申錫開州司馬, 竟卒於貶所. —원주)

847 환관 제거의 실패

태화 9년(835년), 문종은 이훈李訓, 정주鄭注 등과 환관을 주살할 것을 모의하였으나 실패하고 말았다. 정주는 본래 환관 왕수징이 이끌어준 사람이었으며, 이훈은 본명이 중언仲言으로 정주가 끌어들여 왕수징을 만날 수 있었고 왕수징이 문종에게 추천한 사람이었다.

이훈은 기개가 있고 기상을 숭상하며 문사에 뛰어났으며 언변도 있었다. 그리고 권모술수에도 능하여 문종이 그를 좋아하였다.

이훈과 정주는 문종이 환관의 횡포에 고민하고 있음을 알아차리고 자주 은근히 이를 말하여 문종의 마음을 움직였다. 임금은 그 큰일을 가히 도모할 수 있다고 여겨 이를 진실되게 털어놓았다. 이훈과 정주는 드디어 환관을 주살하는 것을 자신의 임무로 삼게 되었다.

그런데 이훈은 이미 세력과 지위가 정주와 함께 드날려 정주를 몹시 꺼리고 있었다. 이리하여 이훈은 안팎에서 힘과 세력에 의탁하여 정주를 봉상鳳翔의 절도사로 출임시켜버리고, 대신 환관 구사량仇士良을 발탁하여 왕수징의 세력을 분산하고는 스스로 동평장사가 되어 문종에게 왕수징을 제거할 것을 청하였다. 그리하여 문종은 왕수징의 집에 사람을 보내어 그를 독살해버렸다.

정주는 처음에는 이훈과 모책을 짜고 나서 자신의 진영봉상으로 가서는 수백 명의 군사를 궁중에 들여보내어 왕수징의 장례를 경비하게 하였으며, 이훈은 그 나름대로 문종에게 환관을 죄다 장례에 참가토록 하여 그런 연후에 그 자리에서 모두 죽여 남김이 없도록 할 것을 청하기로 하였었다.

그러나 이훈이 생각해 보았더니 만약 그렇게 하면 그 공은 모두가 정주에게 돌아가고 말 것이라 여겨 자신이 먼저 거사하여 발동하기로 하고 사람을 보내어 황제에게 이렇게 아뢰도록 하였다.

"금오청金吾廳의 후원에 있는 석류石榴에 감로甘露가 내렸습니다."

재상들은 백관을 거느리고 대궐로 들어가 이를 축하하며 절하고 나서 임금으로 하여금 가서 직접 관람할 것을 권하였다. 그런데 문종은 재상이 먼저 가서 살펴보도록 명하는 것이었다. 이훈은 다녀와 거짓으로 사실이 아니라고 말하였다. 문종은 이번에는 환관 구사량仇士良을 돌아보며 여러 환관을 거느리고 가서 살펴보도록 하였다. 구사량 등이 후원에 이르렀을 때 마침 바람이 불어 그곳에 쳐 놓았던 장막이 걷혀버렸는데 무기를 든 병사들이 수없이 많은 것이었다. 구사량은 놀라 달려와 변고가 터졌음을 알렸다. 이에 이훈은 금오청의 군사를 전각 위로 불러들여 환관을 습격하게 하였으나 겨우 십여 명을 살상하였을 뿐이었다.

이훈이 실패를 알아차리고 달아나자 구사량 등은 신책병神策兵에 명하여 금오청의 이졸吏卒들을 죽이고 재상 왕애王涯, 가속賈餗, 서원여舒元輿 등을 사로잡아 모반의 죄를 뒤집어 씌워 허리 끊는 참형에 처해버렸다. 이훈의 모략은 서원여만이 알고 있었을 뿐이고 다른 재상들은 전혀 알지 못하였던 일이다.

이 일이 있은 뒤부터는 천하의 일은 모두가 북사北司에서 결정되고 재상은 다만 문서를 전달하는 일을 할 뿐이었다. 이훈은 다른 사람에게 피살되어 그 머리가 돌려지며 구경거리가 되었고 정주 역시 봉상 감군監軍의 환관에게 피살당하였다.

○ 九年, 上與李訓鄭注等, 謀誅宦官, 不克. 注本宦者王守澄所引, 訓本名仲言, 又爲注所引, 得見守澄, 守澄薦於上. 偶儻尚氣, 有文辭口辯, 多權數, 上悅之. 訓注揣知上意, 數以微言動上. 上意其可謀大事, 以誠告之, 訓注遂以誅宦官爲己任.

訓旣與注勢位俱盛, 頗忌注. 託以中外協勢, 出注鎭鳳翔, 進擢宦者仇士良, 以分王守澄之權, 訓同平章事, 請除守澄, 遣中使鴆殺之. 注始與訓謀至鎭, 遣壯士數百入護守澄葬, 仍請令內臣盡送, 然後殺之, 無遺類. 訓心以爲如此, 則功專歸注, 乃謀先發, 令人奏:「金吾廳事後石榴有甘露.」

宰相帥百官拜賀, 後勸上往觀. 上令宰相先往視. 訓陽言非眞, 上顧仇士良, 帥諸宦官往視, 士良等旣至, 見風吹幕起, 執兵者無數, 驚走告變, 訓呼金吾衛士等上殿, 僅擊死傷宦者十餘人.

知事不濟而走, 士良等命神策兵, 殺金吾吏卒, 執宰相王涯‧賈餗‧舒元輿等, 誣以謀反腰斬之. 訓之謀惟元輿知之, 他相實不知也. 自是天下事, 皆決於北司, 宰相行文書而已.

李訓爲人所殺傳首, 鄭注亦爲鳳翔監軍宦者所殺.

【數】'삭'으로 읽음.(音朔. －원주)
【中使】李好古를 가리킴.
【至鎭】鳳翔에 이른 것임.
【令人】韓約이었음.
【石榴】나무 이름으로 그 열매는 먹을 수 있음.(木名, 實可食. －원주)
【帥】率과 같음.
【陽】'佯'과 같음.
【神策兵】德宗 때에 좌우의 羽林을 神策兵으로 삼았음.
【北司】환관들이 北司를 지목한 것임.(宦官目北司. －원주)
【李訓爲人所殺】案: 당시 王涯 등은 이미 죽었고 李訓은 鳳翔으로 달아났다가 盝厔將에게 잡혀 죽음.(案: 是時涯等旣死, 訓奔鳳翔爲盝厔將禽殺之. －원주)
【鳳翔監軍宦者】張仲靑이었음.

848 재상 자리를 내놓고 유유자적한 배탁裴度

개성開成 3년(838년), 사도중서령진공司徒中書令晉公 배탁裴度이 죽었다. 배탁은 헌종憲宗 때에 재상 자리를 내어놓은 후, 세상일에는 뜻을 두지 않고 정원이나 손질하여 녹야당綠野堂과 자오교子午橋 등 별장의 승경을 만들어 놓고, 시인들과 술을 마시고 노래하며 스스로 즐거움을 삼았다.

목종穆宗과 경종敬宗 때에 한동안 조정에 들어가 재상이 되어 정치를 도왔으며 문종 때에도 역시 일찍이 평장군국중사平章軍國重事라는 벼슬을 하였으나 다만 시세와 부침浮沈할 뿐이었다.

그러나 4대의 황제 동안 재상과 장수가 되어 그 위망은 멀리 사방 이적夷狄에게까지 떨쳤다. 사방의 이적들은 당나라에서 사신이 가면 문득 배탁의 안부부터 물었다. 그의 몸은 국가의 경중에 이토록 매어 있어 마치 곽자의郭子儀와 같은 중한 인물로 20여 년을 영향을 미쳤던 것이다.

○ 開成三年, 司徒中書令晉公裴度卒. 度自憲宗時罷相後, 無意世事, 治園池, 有綠野堂·子午橋等別墅之勝, 與詩人觴詠自娛. 穆宗·敬宗時, 皆嘗一入輔政, 至上之世, 亦嘗平章軍國重事, 與時浮沉而已.

然四朝將相, 威望遠達四夷. 四夷見唐使, 輒問度安否. 以身繫國家輕重, 如郭子儀者二十餘年.

【晉公】裴度은 晉國에 봉해졌으며 작위는 公爵이었음.
【別墅】東都 낙양에 있었음.
【四朝】憲宗, 穆宗, 敬宗, 文宗을 가리킴.

849 문종文宗이 죽다

5년(840년), 문종이 죽었다. 황제는 즉위 초에는 정치에 힘써 사치를 멀리하고 검소함을 좇아 안팎이 모두 즐거워하여 태평시대를 가히 기대할 수 있다고 여겼다.

그러나 환관들에게 제압되어 마침내 아무 일도 할 수 없게 되었다. 문종이 일찍이 재상에게 이렇게 물었다.

"언제 태평하게 되겠소?"

우승유牛僧儒는 태평이란 어떤 상징이 있는 것이 아니라고 대답하였다. 말년에 일찍이 근신에게 이렇게 물은 적도 있다.

"짐을 주周나라 난왕赧王이나 한漢나라 헌제獻帝에 비하면 어떠한가?"

근신들이 아무 대답도 하지 못하자 문종은 말하였다.

"난왕이나 헌제는 강한 신하들에게 제압당하였는데 지금 짐은 집의 종놈들에게 제압당하고 있으니 아마 저 난왕이나 헌제만도 못하겠지."

재위 15년, 연호를 두 번 고쳐 태화太和, 개성開成이라 하였다. 아우 영왕穎王이 섰다.(841년) 이가 무종황제武宗皇帝이다.

○ 五年, 上崩, 上卽位之初, 勵精求治, 去奢從儉, 中外翕然謂太平可冀.

然制於宦寺, 竟不能有爲. 嘗問宰相:「何時太平?」

牛僧孺答以太平無象. 末年嘗問近臣:「朕何如周赧漢獻?」

對者憮然, 上曰:「赧獻受制强臣, 今朕受制家奴, 殆不如也.」

在位十五年, 改元者二, 曰太和·開成. 弟穎王立, 是爲武宗皇帝.

【近臣】 학사 周墀를 가리킴.
【家奴】 환관을 지칭함.
【太和】 즉위 2년에 연호를 고침.

15. 武宗皇帝

> ⚫ 武宗. 唐나라의 제15대 황제.
> 李炎(李瀍). 841년~846년 재위.

850 무종황제武宗皇帝

(1) 붕당朋黨의 알력

무종황제武宗皇帝는 이름이 전李瀍이며
목종穆宗의 아들이다. 문종황제文宗皇帝
가 일찍이 경종敬宗의 아들 성미李成美를
태자로 세우고 임종臨終이 가까워지자 성
미로 하여금 국정을 맡아보도록 하고자
하였다. 그러나 환관들은 태자를 자신들
을 통해 세우지 않았다고 하여 성미를
폐하고 전을 세워서 황태제皇太弟를 삼았
었다. 그리고 마침내 전은 성미를 죽이고
즉위하고는(841년) 이름을 염炎으로 고친
것이다.
　이덕유李德裕를 동평장사로 삼았는데
이덕유는 목종 초에 한림학사가 되었다.

〈당 무종〉《三才圖會》

그런데 이종민李宗閔이라는 자가 헌종憲宗의 책문策問에 대답하면서 재상
이덕유의 아버지 이길보李吉甫를 절박하게 기롱한 것을 두고 한을 품어
이종민을 죄에 얽어 폄직시켜 버렸다.

이로부터 이덕유와 이종민은 각기 붕당朋黨을 이어 서로 배척하고
알력을 부리기를 거의 40년 동안 이어오고 있었다.

武宗皇帝:

名瀍, 穆宗子也. 文宗嘗立敬宗子成美爲太子, 臨崩, 欲以成
美監國, 宦者以爲立不由己, 廢之而立瀍爲太弟. 遂殺成美而
卽位, 後改名炎.

以李德裕同平章事, 德裕在穆宗初爲學士, 以李宗閔者, 嘗對
制策, 譏切其父吉甫恨之, 構貶宗閔.

自是各分朋黨, 更相排軋者, 垂四十年.

【宦者】仇士良을 가리킴.

【吉甫】憲宗 元和 3년, 初試의 賢良方正에서 李宗閔이 常路指陳의 時政을 통렬히
비판하면서 파함이 없자 당시 李吉甫가 재상에 있으면서 이를 혐오하여 황제에게
읍소하였다. 그리고 게다가 한림원의 覆策과 다름이 없음을 말하였다. 그러나
오래도록 말이 없다가 드디어 이를 결정하고 말았다.(憲宗元和三年, 初試賢良方正,
宗閔痛詆常路指陳時政, 無所避, 吉甫時居相位惡之, 泣訴於帝. 且言翰林覆策,
無所異同, 久之不謂, 遂與爲定. —원주)

【構閔】穆宗 長慶 元年에 錢徽가 典貢擧였고 李宗閔은 당시 中書舍人이었는데
자신과 친한 전휘에게 부탁하자 李德裕는 그만 전휘에게 取士의 문제를 요구한
것을 고백하고 말았다. 황제는 이에 전휘를 江州刺史로, 宗閔을 劍州刺史로
폄직시키고 말았다.(穆宗長慶元年, 錢徽典貢擧, 宗閔時爲中書舍人, 而託所親
於徽, 德裕遂白徽納于丐取士, 帝乃貶徽江州刺史宗閔劍州刺史. —원주)

(2) 북쪽의 도적은 없애기 쉬워도
조정의 당파를 없애기는 어렵구나

문종 때에 덕유가 병부시랑兵部侍郞이 되었고 배탁이 덕유를 재상의 자격이 있다고 추천하였으나, 이종민이 환관의 도움으로 대신 재상이 되고 말았다. 그러면서도 이덕유가 자신의 지위에 가까워져 옴을 질시하여 이를 축출해버렸다.

그리고 우승유牛僧孺를 이끌어서 함께 재상이 되어 그와 더불어 이덕유의 무리를 배척하고 못살게 굴며 얼마 후 이덕유를 서천西川절도사로 보냈다.

이덕유는 그곳에 주변루籌邊樓라는 누각을 지어 그 누각에 촉蜀의 지세를 그려 놓았는데, 남쪽 남조南詔로부터 서쪽 토번吐蕃에 이르기까지였다.

그리고 날마다 군사에 익숙한 자와 변방의 일에 밝은 자를 불러모아 험한 지역, 쉬운 길, 원근에 대하여 기억하여 모두 자신이 실제 거쳐 본 듯이 익혀나갔다. 그러면서 군사를 훈련하고 보루와 요새를 만들어 변방을 대비하였다.

그러자 토번의 장수 실달모悉怛謀가 유주維州를 바치며 항복해 왔다. 유주는 본래 한漢나라 땅으로 중요한 길목이었는데 토번이 이를 얻어 무우성無憂城이라 불러왔었다.

이덕유는 이 유주를 얻은 것을 지극히 편리하다 여겼으나 우승유는 그것을 거두어들일 수 없다고 하여 유주성과 항복해 온 장수실달모를 뒤돌려 보내고 말았다. 토번은 국경에서 실달모를 처형하였는데 지극히 참혹하였다. 우승유와 이덕유의 원한은 이로부터 더욱 더 심해지기 시작하였다.

우승유가 얼마 뒤 재상 자리에서 물러나고 이덕유가 재상이 되었다. 이종민 역시 파직되었다가 다시 재상이 되었다. 이덕유가 다시 파직되었다.

이렇게 두 붕당이 서로 배척하고 자신의 당을 돕고 함이 끝이 없자 문종은 매번 이렇게 탄식하였다.

"하북河北의 도적을 제거하기는 쉽지만 조정의 당파를 없애기는 어렵도다."

在文宗時, 德裕爲侍郎, 裴度薦其可爲相, 宗閔有宦官之助遂相, 惡德裕逼己而出之. 且引牛僧孺竝相, 相與排擯德裕之黨.

尋以德裕鎭西川. 德裕作籌邊樓, 圖蜀地形, 南入南詔, 西達吐蕃. 日召老於軍旅習邊事者, 訪以險易遠近, 皆若身歷. 練士卒, 葺堡障, 以備邊. 吐蕃將悉怛謀, 以維州來降, 維州本漢地, 入兵之路, 吐蕃得之, 號爲無憂城. 德裕極以得此州爲便, 牛僧孺以爲不可納, 以城倂叛將歸, 吐蕃誅之境上, 極慘酷. 牛李之怨, 自是愈深.

僧孺尋罷, 德裕入相. 宗閔亦罷, 宗閔再相, 德裕又罷. 二黨互相擠援, 文宗每歎曰:「去河北賊易, 去朝廷朋黨難.」

【遂相】李宗閔이 먼저 재상의 지위에 올랐다.
【出之】李德裕는 鄭滑節度使로 나가게 되었음.
【籌邊樓】成都에 있음.
【南詔】南夷에 있는 나라 이름.

⑶ 이덕유李德裕

이덕유는 잇따라 폄직되고
축출되었으나 이번에 무종
武宗이 즉위하자 무종은 이
덕유를 불러들여서 재상을
삼았다. 이덕유가 황제에게
이렇게 아뢰었다.

"바른 사람이라면 사악한
사람을 가리켜 사악하다고
하지만 사악한 사람도 역시

〈이덕유(文饒)〉《三才圖會》

바른 사람을 가리켜 사악하다고 합니다. 오직 임금의 변별에 달려
있을 뿐입니다."

무종은 이 말을 훌륭히 여겨 받아들였다. 이덕유는 유주維州 사건을
추론追論하여 실달모를 포상하고 벼슬을 추증하였다.

德裕連被貶黜, 及上立, 召德裕相之.

德裕言於上曰:「正人指邪人爲邪, 邪人亦指正人爲邪. 在人
主辨之.」

上嘉納. 德裕追論維州事, 悉怛謀加襃贈.

851 엉뚱한 모책을 세우지 말라

소의昭義절도사 유종간劉從諫이 죽고 그 조카 유진劉稹이 나서서 그 군부를 거느리게 되자 이덕유가 무종에게 아뢰었다.

"택로澤潞 지역에 대한 일 처리 방법은 하삭河朔 삼진三鎭과 같지 않습니다. 하삭 지역은 전란에 익숙해진 지 오래이며 역대의 조정에서는 이 지역을 도외시해버렸습니다. 그러나 택로 지역은 심복心腹처럼 가까워 만약 이를 다시 유진에게 주어버린다면 조정의 위엄과 명령이 다시는 여러 절도사들에게 행해지지 않을 것입니다."

임금이 물었다.

"그러면 이를 어떻게 억제하면 되겠소?"

이덕유가 말하였다.

"유진이 믿는 것은 하북의 3진입니다. 다만 진주鎭州와 위주魏州가 그에게 동참하지 않는다면 유진은 아무 일도 할 수 없게 됩니다. 중신을 보내어 진주와 위주 두 절도사를 타이르고 이를 쳐버리면 될 것입니다."

무종은 진주와 위주에 조서를 내렸다.

"택로는 경들의 사무 체제와는 다르니 그대들은 자손을 위해서라도 엉뚱한 모책을 세워서는 안 된다. 보거輔車의 형세를 그대로 지키도록 하라."

두 절도사는 황공하여 황제의 명령을 들었다. 이리하여 두 진鎭의 병력과 조정에서 파견한 장수 왕재王宰와 석웅石雄이 함께 각각 나아가 이를 토벌하였다.

○ 昭義節度使劉從諫卒, 姪積自領軍府, 德裕謂:「澤潞事體, 與河朔三鎭不同. 河朔習亂已久, 累朝置之度外. 澤潞近在心腹, 若又因而授之, 威令不復行於諸鎭矣.」

上問:「何以制之?」

曰:「積所恃者三鎭, 但得鎭魏不與之同, 積無能爲也. 遣重臣諭鎭魏討之.」

詔曰:「澤潞一鎭, 與卿事體不同, 勿爲子孫之謀. 使存輔車之勢.」

鎭魏悚息聽命. 二鎭兵, 與朝廷所遣行營將王宰·石雄, 各進討.

852 양변楊弁의 난

하동河東의 도장都將 양변楊弁이 난을 일으켜 절도사李石를 몰아냈다. 이에 마원실馬元實을 중사中使로 삼아 하동으로 파견하여 그를 타이르는 한편 그 지세를 자세히 살펴보도록 하였다. 그런데 마원실은 양변에게서 뇌물을 받고 돌아와 많은 사람이 있는 자리에서 큰소리로 말하였다.

"상공께서는 모름지기 빨리 양변에게 부절符節을 주어야 합니다. 그의 본영의 문에서 유자열柳子列까지 15리에 이르도록 번쩍이는 무기와 갑옷을 입은 군사로 땅을 끌고 있습니다. 이와 같거늘 어찌 이를 취할 수 있겠습니까?"

이덕유가 힐문하자 그는 답을 하지 못하고 굴복하였다. 이에 이덕유는 황제에게 이렇게 상주하였다.

"양변이 미천하다 하여 결코 용서할 수는 없습니다. 만약 국력으로 보아 지탱하기 어렵다면 차라리 유진을 버려두고라도 양변을 쳐 없애야 합니다."

그런데 하동의 군사로 수戍자리에 나가 있던 자가 조정에서 따로 군사를 내어 태원太原을 취하려 한다는 말을 듣고는 자신의 처자가 도륙을 당할까 겁이 나서 곧 태원으로 돌아가 양변을 사로잡아 서울로 호송하였다. 그리하여 양변은 주살되었다.

얼마 지나지 않아 유진의 세력도 궁하게 되자 노주潞州 사람이 유진을 죽이고 항복하였다. 이렇게 택로 지역이 평정되자 이덕유는 그 공으로 태위위국공太尉衛國公에 봉해졌고 대신 우승유는 순주循州장사로 폄직되었으며 이종민李宗閔은 봉주封州로 유배되었다.

○ 河東都將楊弁作亂, 逐節度使.

遣中使馬元實, 曉諭且覘之. 元實受賂還, 於衆中大言:「相公須早與之節. 自牙門至柳子列十五里, 曳地光明甲. 若之何取之?」

德裕詰之, 辭屈, 奏:「微賊決不可恕, 如國力不支, 寧捨劉稹.」

河東兵出戍者, 聞朝廷令客軍取太原, 恐妻孥被屠, 乃歸擒
弁送京師, 斬之. 未幾劉稹勢窮蹙, 潞人殺稹以降. 澤潞平. 加德
裕太尉衛國公, 貶牛僧孺, 爲循州長史, 流李宗閔於封州.

【昭義節度】澤潞를 昭義節度라 불렀음.
【澤潞】 두 주는 모두 山西路에 속하며 上黨郡.
【三鎭】 成德節度 王元逵와 魏博節度 何弘敬, 그리고 幽州節度 張仲武를 가리킴.
【鎭魏】 鎭은 成德節度를, 魏는 魏博節度를 가리킴.
【潞人】 郭誼라는 인물.
【循州】 廣東에 속함.
【封州】 역시 廣東에 속함.

853 천자를 사치와 오락에 빠지게 하시오

환관 구사량仇士良의 관직과 작위를 깎고 그 집의 재산을 모조리 몰수하였다. 이에 앞서 구사량은 사직하였다. 그 붕당이 그를 전송하자 구사량은 그들에게 이렇게 가르쳐 주었다.

"천자로 하여금 한가하게 두어서는 안 되오. 항상 사치와 오락에 빠지게 하여 다른 일을 돌볼 여가를 주지 않도록 해야 하오. 삼가 글을 읽게 하거나 학자를 가까이 하게 하지 않도록 하시오. 그 면전에서 전대의 흥망을 알게 하여 마음으로 두려움을 알아차리도록 했다가는 우리 무리는 멀어지고 배척을 당하고 말 것이오."

○ 削宦者仇士良官爵, 籍沒其家.

先是士良致仕, 其黨送歸, 士良敎之曰:「天子不可令閑, 常宜以奢靡娛之, 使無暇及他事. 愼勿使之讀書親近儒生. 見前代興亡, 心知憂懼, 則吾輩疎斥矣.」

854 승려들을 환속시키다

천하의 불사佛寺를 헐고, 승니僧尼를 협박하여 환속시켰다.

○ 毁天下佛寺, 僧尼勒歸俗.

855 무종武宗이 죽다

회창會昌 6년(846년), 무종이 죽었다. 재위 7년에 연호를 한 번 고쳐 회창會昌이라 하였다. 광왕光王이 섰다. 이가 선종황제宣宗皇帝이다.

○ 會昌六年, 上崩. 在位七年, 改元者一: 曰會昌.
光王立, 是爲宣宗皇帝.

【會昌】 즉위 2년에 연호를 고침.

16. 宣宗皇帝

❀ 宣宗. 唐나라의 제16대 황제.
李忱(李怡). 847년~859년 재위.

856 선종황제宣宗皇帝

선종황제宣宗皇帝는 이름이 이李怡이며
헌종憲宗의 아들이다. 어려서는 호를 불혜
不慧라 하였다. 태화太和 이후에는 더욱
스스로 그 재능을 감추었다. 문종은 그를
유혹하여 말을 하도록 함을 웃음거리로
삼았다. 무종武宗은 성격이 호탕하였으며
더욱이 예를 차릴 줄 몰라 숙부 불혜의
이름을 마구 광숙光叔이라 불렀다.

무종이 병이 위독해졌으나 그 아들은
아직 어려 환관들은 궁중에서 책략을 정
하여 조서를 내려 이怡를 황태숙皇太叔
으로 삼고 이름을 침李忱으로 고쳤다. 그가

〈당 선종〉《三才圖會》

군사와 국사에 당하여 저울질하고 처리함에 결재가 모두 이치에 합당하여
사람들은 그 때 비로소 그가 덕을 숨기고 있었음을 알게 되었다. 얼마
뒤 즉위하였다.(847년)

宣宗皇帝:

名怡, 憲宗子也. 幼號不慧. 太和後益自韜匿. 文宗好誘其言
以爲笑. 武宗豪邁, 尤不禮之, 名爲光叔. 武宗疾篤, 子幼, 宦官
定策禁中, 詔立怡爲皇太叔, 更名忱. 權句當軍國事, 裁決咸當理,
人始知其隱德焉, 尋卽位.

【太和】 文宗의 年號.
【宦官】 馬元贄를 가리킴.

857 이덕유李德裕가 죽다

이덕유李德裕가 파직되고 우승유와 이종민 등이 북쪽으로 귀양갔다.
이덕유는 세 번이나 폄직을 당하였으며 애주崖州의 사호司戶로 밀려나
그 곳에서 죽었다.

○ 李德裕罷, 僧孺·宗閔等北遷. 德裕三貶, 至崖州司戶以死.

【罷】그의 전횡이 너무 오래인 것을 미워하였음.(惡其專政日久. −원주)
【北遷】李僧孺는 循州에서 衡州長史로 폄직되었고, 李宗閔은 封州에서 柳州
  司馬로 폄직되어 그 때문에 北遷이라 한 것임.
【三貶】처음 東都留守로, 다시 潮州司馬로 그리고 潮州에서 崖州로 폄직되었음.
【崖州】南海에 있으며 지금의 瓊州.

858 선종宣宗의 치적

⑴《정관정요貞觀政要》를 병풍에 써 놓고

영호도令狐綯가 동평장사同平章事가 되었다.

이에 앞서 영호도가 한림학사였을 때 일찍이 선종宣宗이 태종太宗이 선집한《금경록金鏡錄》이라는 책을 주면서 이를 읽어 자신에게 들려 달라고 하였다. 선종은 또《정관정요貞觀政要》를 병풍에 써 놓고는 매번 얼굴빛을 단정히 하고 손을 마주잡고는 이를 읽었다. 어느 날 학사學士 필함畢諴과 변방의 일에 대하여 논의하였다. 필함이 그 방략方略을 갖추어 진술하자 선종은 기뻐하며 말하였다.

"염파廉頗와 이목李牧이 나의 궁중에 있으리라고는 생각지 못하였소."

그리고는 즉시 필함을 변방의 장수로 등용하였더니 과연 그 임무에 맞았다.

○ 令狐綯同平章事, 先是綯爲學士, 上嘗以太宗所選金鏡錄, 授綯使讀之. 又書貞觀政要於屛風, 每正色拱手而讀.

嘗與學士畢諴論邊事, 諴具陳方略, 上悅曰:「不意頗牧在吾禁中.」

卽用爲邊帥, 果稱其任.

【頗牧】전국시대의 廉頗와 李牧을 가리킴.

(2) 계단 앞이 만리로다

선종은 명찰하고 외우는 것이 많았다. 일찍이 학사 위오韋澳에게 몰래 명하여 각 주현州縣의 경계와 토지, 풍속, 산물 및 가지가지 그 땅의 이해를 모아 편찬하여 책으로 만들게 하였으며, 이 책을《처분어處分語》라 불렀다. 자사刺史, 薛弘宗가 사은하러 들어왔다가 물러나와 위오에게 이렇게 말하는 것이었다.

"폐하께서 우리 주등주에 관하여 처리하심은 사람을 놀라게 하는군요."

건주建州 자사가 떠나면서 인사를 하러 들어오자 선종이 물었다.

"건주는 서울長安에서 얼마나 되오?"

그가 대답하였다.

"8천 리입니다."

임금은 이렇게 말하였다.

"경은 그곳에 이르러 행정을 폄에 짐은 모두 알 수 있다오. 멀리 떨어져 있다고 말하지 마시오. 이 뜰 아래가 바로 만 리 밖이라오."

上聰察强記. 嘗密令學士韋澳, 纂次州縣境土風物及諸利害, 爲一書, 號曰處分語.

刺史有入謝而出者, 曰:「上處分本州事驚人.」

建州刺史入辭, 上問:「建州去京師幾何?」

曰:「八千里.」

上曰:「卿到彼爲政, 朕皆知之, 勿謂遠, 此階前則萬里也.」

【出者】鄧州刺史 薛泓宗을 가리킴.
【建州】福建에 있으며 지금의 建寧府.
【刺史】于延陵이었음.

【階前萬里】天下 州郡에 대한 政俗 異同이 모두 이 方策에 갖추어져 있으니 이 책을 한 번 펴서 보기만 하면 알지 못할 것이 없음을 말함. 그 때문에 뜰 아래가 바로 만 리라 한 것임.(謂天下州郡, 政俗異同, 備在方策, 開卷一覽, 無所不及, 故曰: 階前則萬里也. −원주)

(3) 바둑으로 소일하는 자가 어찌 남을 다스리랴?

영호도가 글을 올려 이원李遠을 항주杭州 자사로 비준해 줄 것을 청하자 선종이 말하였다.

"나는 이원의 시에 '긴긴 날 오직 바둑으로 소일하도다'라는 구절을 들었소. 그런 자가 어찌 사람을 다스릴 수 있겠소?"

그러자 영호도가 말하였다.

"시인이란 이러한 고상한 흥취를 빌려 읊은 것일 뿐 반드시 그와 같은 것은 아닙니다."

어느 날 선종이 조서를 내렸다.

"자사는 다른 주로 옮겨가게 해서는 안 된다. 반드시 서울로 와서 직접 얼굴을 보고 살핀 다음에 실행하도록 하라."

그런데도 영호도가 자신이 잘 아는 자사를 이웃 주로 옮겨 편하게 관직에 임하도록 한 적이 있었다. 그러자 선종이 물었다.

"조서와 명령이 이미 시행되고 있는데 곧바로 이 격식을 폐지하고 쓰지 않고 있으니 재상은 가히 권세가 있다고 할 만하구려."

당시 날씨가 아주 추웠는데 영호도는 땀이 흘러 몇 겹의 옷이 젖어 드러날 정도였다. 선종은 조정에 나와 여러 신하를 대할 때면 조금도 게으른 빛이 나타나 보이지 않았다. 매번 재상이 정무를 아뢸 때면 그 곁에 사람이 없어도 그 위엄 때문에 감히 쳐다보지 못할 정도였다. 그러나 아뢸 일을 다 마치고 나면 선종은 곧 온화한 얼굴로 돌아가

일각一刻 정도의 시간은 한담으로 평하게 해주면서 다시 천천히 용모를 바로잡으며 이렇게 말하는 것이었다.

"경들은 다만 직무에 충실하오. 나는 항상 경들이 기대에 어긋나는 일을 하여 그 때문에 다시 나를 만나지 못하면 어쩌나 하는 것이 걱정 거리일 뿐이라오."

영호도는 일찍이 이렇게 말한 적이 있다.

"내가 정치를 잡은 지 10년이나 되어 가장 은혜를 입고 있지만 매번 연영전延英殿에서 정무를 아뢸 때면 한번도 땀으로 옷이 젖지 않을 때가 없었다."

令狐綯奏擬李遠杭州刺史, 上曰:「吾聞遠詩云:『長日惟消一局碁』, 安能理人?」

綯曰:「詩人託此高興, 未必實然.」

嘗詔:「刺史毋得外徙, 必令至京面察.」

綯嘗徙故人爲鄰州, 便道之官.

上問之曰:「詔命旣行, 直廢格不用, 宰相可謂有權.」

時方寒, 綯汗透重裘. 上臨朝對羣臣, 未嘗有惰容.

每宰相奏事, 旁無一人, 威嚴不可仰視, 奏事畢, 忽怡然閑語一刻許, 徐復整容曰:「卿輩善爲之, 常恐卿輩負朕不得再相見.」

綯嘗謂人曰:「吾十年秉政, 最承恩遇, 每延英奏事, 未嘗不汗沾衣也.」

【杭州】 江浙에 속함.
【負朕】 背恩忘德을 負라 함.
【延英】 궁궐 이름.(殿名. —원주)

⑷ 신하들이 둘로 나뉘어 반목하다

어느 날 선종이 학사 위오韋澳를 불러 좌우의 신하들을 물리고 이렇게 물었다.

"요즈음 내시內侍들의 권세가 어떠하오?"

위오가 대답하였다.

"폐하의 위엄과 결단은 전조前朝에 비할 바가 아닙니다."

선종은 눈을 감고 머리를 가로저으며 이렇게 말하였다.

"모두가 아직 아니야, 모두가 아직 그렇지 못해. 오히려 두려움이 아직 남아 있어."

또 어느 날, 황제는 영호도와 환관을 모조리 주살하고자 모책을 짰으나 무고한 자에게까지 마구 화가 미칠까 두려워하자 영호도가 몰래 글을 올렸다.

"다만 죄가 있는 자는 용서하지 않도록 하시며 결원이 생겼을 경우에는 보충하지 않으시면 자연히 그 수가 소진하여 없어지게 될 것입니다."

환관이 몰래 그 상소문을 보았다. 이로부터 환관과 조정의 사대부와의 사이가 악화되어 남사南司와 북사北司가 서로 물불처럼 원수가 되고 말았다.

嘗召學士韋澳, 屏左右問之曰:「近日內侍權勢如何?」

對曰:「陛下威斷, 非前朝比.」

上閉目搖首曰:「全未, 全未, 尚畏之在.」

又嘗與綯謀, 盡誅宦官, 恐濫及無辜, 綯密奏曰:「但有罪勿捨, 有缺勿補, 自然消耗至盡.」

宦者竊見其奏. 由是益與朝士相惡, 南北司如水火.

859 선종宣宗이 죽다

대중大中 13년(859년), 선종이 죽었다. 재위 14년, 연호를 한 번 고쳤다
大中. 맏아들이 섰다. 이가 의종황제懿宗皇帝이다.

○ 大中十三年, 上崩. 在位十四年, 改元者一.
長子立, 是爲懿宗皇帝.

【大中】 즉위 2년에 연호를 고침.

17. 懿宗皇帝

860 의종황제懿宗皇帝

의종황제는 처음 이름은 온李溫이었으며 운왕鄆王에 봉해졌다. 선종의
사랑을 받지 못하여 태자가 되지 못하였으나 선종이 죽고 나서 환관들이
그를 세웠으며 이름을 최李漼로 고쳤다. (860년)

懿宗皇帝:

初名溫, 封鄆王. 以無寵不得爲太子, 宣宗崩, 宦者立之. 更名漼.

【宦者】 王宗實을 가리킴.

861 도적 구보裘甫

절동浙東의 도적 구보裘甫가 군사를 일으켜 그 위세가 중원中原에까지 떨쳤다. 관찰사觀察使 왕식王式이 토벌하여 그를 베었다.

○ 浙東賊裘甫起, 聲振中原. 觀察使王式討斬之.

862 도적 방훈龐勛

함통咸通 9년(868년), 서주徐州의 도적 방훈龐勛이 군사를 일으켰다. 이에 앞서 남조南詔의 추장이 대리황제大理皇帝라 칭하며 군사를 일으켜 쳐들어와 파주播州, 옹주邕州, 교지交趾를 함락시켰다. 이에 칙명을 내려 서주徐州와 사주泗州의 병력으로 하여금 계주桂州를 지키게 하였었는데 기한이 지나도록 교대해 주지 않자 마침내 난을 일으킨 것이었다.

방훈은 그 때 양료판관粮料判官이었다. 계주의 수졸成卒들이 그를 추대하여 두목을 삼았던 것이다. 이들은 군대를 모아 북쪽으로 돌아가면서 지나는 곳마다 노략질을 일삼았다. 그리하여 서주에 이르러 절도사를 죽이고 여러 고을을 함락시켰다. 초토사招討使 강승훈康承訓이 이를 치면서 사타沙陀의 주사적심朱邪赤心을 선봉으로 삼았다. 방훈은 패하여 죽고 나자 적심에게 이국창李國昌이라는 성명을 하사하고 그를 대동군大同軍 절도사로 임명하였다가 얼마 후 다시 진무군振武軍절도사로 삼았다.

○ 九年, 徐州賊龐勛起. 先是南詔稱大理皇帝, 擧兵入寇, 陷播邕交趾. 敕徐泗兵戍桂州, 過期不代, 遂作亂. 勛爲粮料判官, 戍卒推以爲主. 擁兵北還, 所過剽掠, 至徐州, 因殺節度使, 陷諸郡. 招討使康承訓擊之, 以沙陀朱邪赤心爲前鋒. 勛敗死, 賜赤心姓名李國昌, 爲大同軍節度使, 尋又爲振武節度使.

【播】 州 이름으로 南夷에 있음.
【邕】 廣西에 속함.
【泗】 州 이름으로 淮西에 속하며 臨淮郡.
【桂州】 廣西에 속하며 지금의 靜江府.
【殺節度使】 霍彦曾을 가리킴.

【大同軍】 山西에 속하며 雲中郡.
【振武】 代州을 振武節度라 하였음.

863 의종毅宗이 죽다

함통 14년(873년), 의종이 죽었다. 재위 15년에 연호를 한 번 고쳤다咸通.
아들 진왕晉王이 섰다. 이가 희종황제僖宗皇帝이다.

○ 咸通十四年, 上崩. 在位十五年, 改元者一.
子晉王立, 是爲僖宗皇帝.

【咸通】 즉위 2년에 연호를 고침.

18. 僖宗皇帝

864 희종황제僖宗皇帝

(1) 조정의 사치는 날로 심해지고

희종황제僖宗皇帝는 이름이 현李儇으로 의종황제懿宗皇帝의 막내아들
이다. 나이 13살에 환관에 의해 세워졌다.(874년) 의종 이래 조정의
사치는 날로 심해졌으며 난리가 끊이지 않았고 부역과 세금은 더욱
각박해졌다. 게다가 수해나 가뭄이 들어도 이를 천자에게 사실대로
보고하지 않았다. 백성은 사방으로 유랑하며 굶어 죽어도 어디 호소할
데도 없었다.

이리하여 그들이 모이는 곳이면 도적으로 변하여 복주濮州 사람 왕선지
王仙芝가 일어나자 조주曹州 원구冤句의 황소黃巢가 이에 호응하였다.

僖宗皇帝:

名儇, 懿宗少子也. 年十三, 爲宦官所立. 自懿宗以來, 奢侈日甚,
用兵不息, 賦斂愈急, 水旱不以實聞. 百姓流殍, 無所控訴, 所在
相聚爲盜, 濮州人王仙芝起, 曹州冤句人黃巢應之.

【宦官】당시 환관은 劉文浹이었음.

【殍】흉년이나 전쟁 등으로 백성이 굶어죽음을 뜻함.(餓死曰殍. -원주)

(2) 황소黃巢의 난

황소는 말타기와 활쏘기에 뛰어났으며 임협을 좋아하던 자로 일찍이 과거 진사과에 천거되었으나 낙방하자 왕선지와 함께 소금을 몰래 팔고 있었다.

이때에 이르러 군중을 모아 여러 주현州縣을 공격하고 표략질하자 곤궁한 백성들이 그에게로 모여들어 몇 달 만에 군사가 수만 명에 이르렀다.

왕선지는 여주汝州, 정주鄭州, 당주唐州, 등주鄧州를 함락시키고 악주鄂州로 쳐들어갔으며 안주安州를 함락하고 형남荊南으로 쳐들어가 초토사招討使 증원유曾元裕와 신주申州에서 전투를 벌여 대패시켰다.

다시 황매黃梅에서도 증원유는 크게 패하여 마침내 죽고 말았다.

황소는 운주郓州, 기주沂州, 복주濮州를 함락시키고, 송주宋州와 변주汴州를 약탈하고, 남으로 건너가 홍주洪州, 건주虔州, 길주吉州, 요주饒州, 신주信州를 함락하고 선주宣州를 침범하였다. 이어 절동浙東으로 들어 갔으나 진해鎭海절도사 고병高騈에게 패하였다.

드디어 그는 광남廣南으로 옮겨 광주廣州를 함락하고 담주潭州로 나아 갔다. 거기서 다시 북쪽으로 건너 양양襄陽으로 향하였으나 형문荊門에서 패하자 다시 이들을 끌고 남쪽으로 물러가서 선주宣州를 함락하고, 채석采石에서 장강長江을 건넜다가 이윽고 회수를 건너 신주神州를 함락 하고 영주潁州, 송주宋州, 서주徐州, 연주兖州의 경계로 들어가 동도東都를 함락하였다. 그리고 다시 무리를 이끌고 동관潼關으로 들어가 장안長安에 입성하였다.

황제는 촉蜀으로 달아나고 황소는 대제황제大齊皇帝를 참칭僭稱하였다.
각지에서 군사를 내어 구원에 나섰다.

巢善騎射, 喜任俠, 嘗擧進士不第, 與仙芝共販私鹽.
　至是聚衆攻剽州縣, 窮民歸之, 數月數萬. 仙芝攻陷汝鄭唐鄧,
寇鄂州, 陷安州, 寇荊南, 與招討曾元裕, 戰於申州而大敗. 又大
敗於黃梅, 斬之. 黃巢陷鄆沂濮, 掠宋汴, 南渡陷洪虔吉饒信,
寇宣州. 入浙東, 爲鎭海節度使高騈所破. 遂趍廣南, 陷廣州,
出潭州. 北渡向襄陽, 敗於荊門, 復引而南, 陷宣州, 自采石渡江,
已而渡淮, 陷申州, 入潁宋徐兗之境, 陷東都. 引而西, 入潼關,
入長安.
　上出奔蜀, 巢僭號大齊皇帝. 諸道發兵赴援.

【王仙芝起】《通鑑》에 무리가 수천으로 장원에서 일어났다 함.(聚衆數千, 起於
　長垣. －원주)
【曹】山東에 속하는 州.
【汝】州 이름으로 河南에 속함.
【鄂】湖廣에 속하며 江夏郡.
【申】河南에 속하며 지금의 信陽州.
【黃梅】縣 이름으로 蘄州에 속함.
【沂】州 이름으로 山東에 속하며 琅琊郡.
【宋】州 이름으로 河南에 속하며 睢陽郡.
【汴】州 이름으로 河南에 속하며 지금의 汴梁府.
【洪虔吉饒信】이 다섯 주는 모두 江西에 속하며 豫章, 贛州府, 吉安府 등의
　지역임.
【潭】長沙郡.

(3) 이극용李克用이 나서서 황소를 토벌하다

이에 앞서 사타沙陀 이국창李國昌의 아들 이극용李克用이 사타의 병마사 兵馬使가 되어 울주蔚州를 지키고 있었는데 대동군大同軍의 여러 장수가 의논한 끝에 이렇게 말하였다.

"지금 천하에 대란이 일어나 조정의 호령이 더 이상 사방에 시행되지 못하고 있다. 이는 바로 공명과 부귀를 취할 절호의 기회이다. 진무군 振武軍 절도사 이국창은 용맹이 천하에 떨쳐 있다. 그의 아들 이극용의 용맹도 여러 군중의 으뜸이다. 만약 이극용을 도와 일을 거사한다면 대주代州 이북의 땅만 평정하고 있기에는 부족하다."

그리고는 사람을 몰래 울주로 보내어 이극용을 설득하도록 하였다. 이극용은 곧바로 운주雲州를 공격하여 이를 빼앗았다. 하동河東의 초의 招義의 절도사가 이극용을 공격하였으나 도리어 크게 패하였다. 이극용은 흔주忻州와 대주를 침범하고 진양晉陽으로 육박해 갔으나 얼마 후 노룡 盧龍의 군사에게 크게 패하고, 울삭蔚朔의 군사도 이극용의 아버지 이국 창을 토벌하여 패배시켰다. 이국창, 이극용 부자는 달단達旦으로 패주 하여 달아났다. 그러나 조정에서는 그들 죄를 용서하고 대신 그들을 불러 황소를 치게 하였다. 이극용은 사타沙陀의 군사를 거느리고 나타 나자 황소의 무리는 겁에 떨면서 이렇게 말하였다.

"아군鴉軍이 왔다."

이극용은 잇따라 도둑을 격파하고 장안長安을 수복하였다. 황소는 궁궐에 불을 지르고 채주蔡州로 달아나 숨었는데 그곳 절도사 진종권 秦宗權이 그에게 항복하고 말았다. 황소가 다시 변주汴州로 달아나자 이극용 등은 이를 추격하여 크게 깨뜨렸다. 얼마 지나지 않아 도둑의 무리가 황소를 참수하여 항복하였다.

先是沙陀李國昌之子克用, 爲兵馬使, 戍蔚州, 大同軍諸將
謀曰:「今天下大亂, 朝廷號令不復行於四方, 此乃英雄功名富
貴之秋. 李振武名聞天下, 其子勇冠諸軍. 若輔以擧事, 代北不
足平也.」

遣人潛詣蔚州說克用. 克用趨雲州取之, 河東招義討之而大敗.
克用寇忻代, 逼晉陽, 已而大爲盧龍兵所破, 蔚朔兵亦討敗其
父國昌. 父子亡走達旦.

朝廷赦其罪, 召其兵討賊. 克用將沙陀來, 賊憚之曰:「鴉軍
至矣.」

連破賊, 復長安. 巢焚宮室, 而遁至蔡州. 節度秦宗權降之,
巢趨汴州, 克用等追擊大破之, 未幾賊黨斬巢以降.

【李振武】李國昌으로 振武節度使였음.
【其子】李克用.
【達旦】《五代史》에는 '韃靼'으로 표기하였으며 夷狄의 별종인 타타르. 이극용의
부자가 그곳으로 도망하였음.
【鴉軍】軍中에서 이극용을 李鴉라 불렀으며 그 군대는 모두 검은 색의 군복을
입었었음.(軍中號克用爲李鴉, 以其軍皆服黑也. −원주)
【降之】秦宗權이 黃巢에게 항복함.
【賊黨】黃巢의 조카인 黃林言.

865 주전충朱全忠의 등장

이극용李克用이 변주汴州에 이르자 주전충朱全忠이 그를 공격하였다.
주전충이란 자는 황소의 장수였던 주온朱溫이다. 앞서 그는 황소의
명령을 받아 동주同州와 화주華州를 공략하여 함락하였는데 얼마 후
화주의 땅을 바치며 조정에 항복하였다. 이에 희종僖宗은 그에게 전충全忠
이라는 이름을 하사하고 선무군절도사宣武軍節度使로 삼았다.

이에 그는 이극용을 객관客館에 모셔 심히 공경히 대접하였다. 그런데
이극용이 술에 취하여 자못 주전충을 모욕하자 전충은 불평하여 군사를
일으켜 그가 묵고 있는 역관을 포위하고 공격하였다. 이극용이 술에 취해
깨어나지 못하자 그의 좌우가 물을 그 얼굴에 끼얹으며 급함을 알렸다.

이극용은 그제야 눈을 뜨고 활을 집어 지팡이 삼아 일어나서 달아났다.

그때 마침 우레와 비가 내려 어두웠다. 이 취한 자를 부축하여 번갯불을
이용하여 밧줄을 타고 성을 넘어 내려갔다. 변주 사람들이 다리를 막고
그를 가지 못하도록 막아섰으나 따르는 부하들이 힘써 싸워서 겨우
위급함을 면할 수 있었다. 이극용은 진양晉陽으로 돌아와 군사를 다시
정리하여 주전충을 토벌하겠다고 글을 올려 청하였으나 희종은 조서를
내려 두 사람의 화해를 권하였다. 그러나 이극용은 이를 듣지 않았다.

○ 克用之至汴州也, 朱全忠襲之, 全忠者巢將朱溫也. 先爲巢
所遣, 攻陷同華, 尋以華州降, 賜名全忠, 爲宣武節度使. 館克用
甚恭. 克用乘酒頗侵之, 全忠不平, 發兵圍驛攻之. 克用醉, 左右以
水沃其面告之. 克用乃張目援弓起而走. 會大雷雨晦冥, 扶醉乘
電光縋城出. 汴人扼橋, 從者力戰得度而免. 克用還晉陽, 治甲兵,
表乞討全忠. 詔和解之, 不聽.

【同】 州 이름으로 陝西에 속하며 馮翊郡.

【宣武節度使】 汴州를 宣武節度使라 하였음.

【驛】 上原驛으로 汴州城 안에 있었음.

【縋】 줄을 매달아 늘여 뜨림.

866 희종僖宗이 장안長安으로 환궁하다

희종이 성도成都를 떠나 장안長安으로 돌아왔다.

○ 上發成都還長安.

867 진종권秦宗權이 참칭하다

진종권秦宗權이 황제를 참칭하였다.

○ 秦宗權僭號.

868 어지러워지는 당말唐末

⑴ 환관 전영자全令孜

희종이 촉蜀으로 달아났을 때 환관 전영자全令孜가 희종을 모셨는데 이를 자신의 공으로 여겨 권세가 자신에게 나온다고 여겼다.

하중河中 절도사 왕중영王重榮이 전에 난을 일으켜 스스로 섰다.

전영자가 주매朱玫 등을 보내어 이를 공격하도록 하자 왕중영은 이극용에게 구원을 청하였다. 이극용은 바야흐로 조정이 주전충을 처벌하지 않는 것을 원망하고 있던 터였으므로 황제에게 이렇게 말을 올렸다.

"주매 등은 주전충과 서로 표리가 되어 함께 저를 멸망시키고자 하고 있습니다."

그러고는 군사를 이끌고 하중으로 향하자 서울 장안長安이 두려움에 떨었다. 전영자는 황제를 위협하여 봉상鳳翔으로 달아났다. 주매 등이 추격하였으나 미치지 못하자 주매 등은 숙종의 현손玄孫 양왕襄王 온熅을 황제로 세웠다.

그런데 주매의 장수 왕행유王行瑜가 주매를 참수하자 온熅은 하중河中으로 달아나고 말았다. 이에 왕중영이 온의 목을 베어 희종의 행재行在로 보냈고 그제야 황제는 장안으로 돌아올 수 있었다.

○ 上之奔蜀也, 宦者田令孜實挾之, 自以爲功, 權自己出. 河中王重榮, 前作亂自立. 令孜遣朱玫等攻之, 重榮求救於克用.

克用方怨朝廷不罪全忠, 上言:「玫等與全忠相表裡, 欲共滅臣.」

引兵赴河中, 京師震恐. 令孜刼上奔鳳翔, 朱玫追逼不及, 立肅宗玄孫襄王熅爲帝. 玫將王行瑜斬玫, 熅奔河中, 王重榮斬首送, 行在. 上還長安.

【王重榮】節度使로써 安邑 解縣 鹽池에서 전횡을 부렸음.
【朱玫】須寧節度使였음.

⑵ 천하에 도적이 들끓다

재위 15년, 연호를 다섯 번 고쳐 건부乾符, 광명廣明, 중화中和, 광계光啓,
문덕文德이라 하였다. 희종은 날마다 환관들과 함께 놀기만 하였을
뿐이었다. 그리하여 천하 대란이 일어났고 도적이 벌떼처럼 일어났으며
호걸들 또한 이를 틈타 그 사이에 서로 삼키고 땅을 빼앗아도 조정에서는
이를 제압하지 못한 것이다. 희종이 죽고 수왕壽王이 섰다.(889년) 이가
소종황제昭宗皇帝이다.

上在位十五年, 改元者五, 曰乾符・廣明・中和・光啓・文德.
日與宦官相處而已. 天下大亂, 盜賊蜂起, 豪傑因起, 其閒, 互相
吞噬, 朝廷不能制.
上崩, 壽王立, 是爲昭宗皇帝.

19. 昭宗皇帝

● 昭宗. 唐나라의 제19대 황제
李曄(李傑). 889년~904년 재위.

869 소종황제 昭宗皇帝

소종황제는 이름이 걸李傑이며 희종의 아우이다. 희종이 병으로 점차 위독하게 되자 환관들이 그를 태제太弟로 세웠다가 드디어 즉위하였으며 (889년) 이름을 엽李曄으로 고쳤다.

소제昭帝는 순수하며 영특한 기풍이 있고 학문을 좋아하였다. 그는 희종의 명령이 행해지지 않고 조정의 위엄이 날로 떨어짐을 보고 전대의 열렬한 뜻을 회복하고자 뜻을 품었다. 그가 제위에 오르자 중외가 모두 즐거워하였다. 그러나 안으로는 환관들의 견제와 밖으로는 강한 번진藩鎭에 억눌려 그는 끝내 초지를 완수하지 못하였다.

昭宗皇帝:

名傑, 僖宗之弟也. 僖宗大漸, 宦者立之爲太弟, 遂卽位, 後更名曄. 帝明粹有英氣. 喜文學. 以僖宗威令不振, 朝廷日卑, 有恢復前烈之志. 踐祚之始, 中外忻忻焉. 然而內制於宦寺, 外有强鎭, 初志竟不遂.

【大漸】 병이 심하여 위독함을 뜻함.

【宦者】 觀軍容使였던 楊復恭.

【曄】 僖宗은 죽음에 이르러 유제로 자신의 이름 傑을 敏으로 바꾸도록 하였으며 이듬해 연호를 龍紀로 바꾸고 다시 이름을 曄으로 고쳤다.(案: 僖宗臨崩遺制, 更傑名敏, 明年改元龍紀, 復更名曄. ─원주)

✸ 원주의 贊은 다음과 같다.

贊曰:「唐自穆宗以來八世, 而爲宦所立者七君. 然則唐之衰亡, 豈止方鎭之患哉! 蓋朝廷天下之本也, 人君者朝廷之本也. 始卽位人君之本也. 其本始不正, 欲以正天下, 其可得乎?」

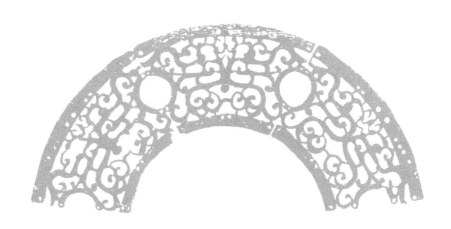

870 동창董昌이 참칭하다

월주越州의 동창董昌이 황제를 참칭하였다. 동창은 먼저 항주杭州를 점거하고 있었는데 전류錢鏐가 그곳 병마사였다. 그런데 조정에서 동창에게 절동浙東을 다스리도록 명하고, 전류에게는 항주를 다스리도록 하였었다. 이때에 이르러 동창이 월주에서 황제를 참칭하자 전류에게 조서를 내려 이를 토벌토록 하였다.

○ 越州董昌僭號. 昌先據杭州, 錢鏐爲兵馬使. 朝廷命昌帥浙東, 鏐領杭州. 至是昌稱帝於越, 詔鏐討之.

【越州】浙東에 속하며 會稽郡.

871 번진藩鎭이 반란하여 궁궐로 밀려오다

봉상鳳翔의 이무정李茂貞, 화주華州의 한건韓建, 빈주邠州의 왕행유王行瑜
의 세 번진이 군사를 일으켜 대궐로 침범하여 재상을 죽이고 천자를
폐하려고 모의하다가 이극용李克用이 토벌하러 온다는 소식을 듣고
달아났다. 이극용은 빈주를 공격하여 왕행유를 베고 군사를 기산岐山과
화주로 옮겼다. 그러자 귀척과 근신들이 사타가 너무 커질 것을 두려워
하여 이를 중지시켰다.

이극용은 농서군왕隴西郡王에서 다시 작위가 올라 진왕晉王이 되어
군사를 이끌고 진양晉陽으로 돌아갔다.

○ 鳳翔李茂貞, 華州韓建, 邠州王行瑜, 三鎭擧兵犯闕, 殺宰相,
謀廢立, 聞李克用來討乃去. 克用攻邠州斬行瑜, 將移兵岐華.
貴近恐沙陀太盛止之. 克用自隴西郡王, 進爵晉王, 引兵還晉陽.

【宰相】 韋昭度과 李谿였음.
【岐】 岐陽, 鳳翔府.

872 전류錢鏐가 동창董昌을 주살하다

전류錢鏐가 월주越州를 공격하여 동창董昌이 주살당하였다.

○ 錢鏐克越州, 董昌伏誅.

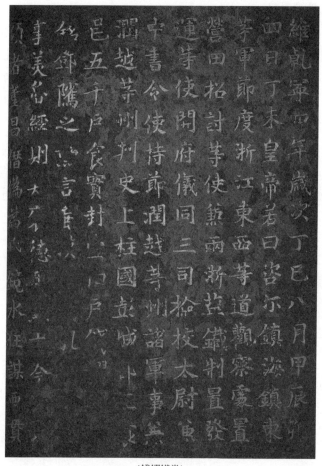

〈錢鏐鐵券〉

873 주전충朱全忠의 활약

⑴ 중신들의 이해에 끌려다니는 황제

처음 이극용은 위수渭水의 북쪽에 군사를 주둔시키고 있었다. 그러자 이무정李茂貞과 한건韓建은 그를 두려워하여 조정에는 공손히 복종을 다하였으나 이극용이 군사를 물러나자 그들은 다시 조정에 거만한 태도를 취하였다.

이무정이 거병하여 대궐을 침범하자 소종昭宗은 화주華州로 달아났고 이극용이 곧 구원병을 내었다. 그런데 다시 주전충朱全忠이 낙양洛陽에다 대궐을 지어 소종을 그리로 맞아들이려 한다는 소식을 듣고 이무정과 한건은 모두 두려워 소종을 다시 장안으로 돌아오게 하였다.

이에 앞서 소종은 여러 왕에게 명하여 군사를 거느리고 기내畿內를 순찰하고 경비하게 하였었는데, 이번에 다시 그들을 시켜 사방의 번진을 위무하도록 하고자 하였다. 그러자 남사南司와 북사北司의 유력자들은 자신들에게 불리하지나 않을까 걱정하여 번갈아 불가함을 간언하였다. 소종도 부득이 이를 그만두고 말았다.

○ 初李克用屯渭北. 李茂貞·韓建憚之, 事朝廷甚恭, 克用去, 二鎭復驕慢. 茂貞擧兵犯闕, 上出奔華州, 克用遣援, 又聞朱全忠營洛陽迎駕, 茂貞與建皆懼, 奉上還長安. 先是嘗令諸王將兵巡警, 又欲使出四方撫慰藩鎭. 南北司用事者, 恐其不利於己, 交諫以爲不可. 上不得已罷之.

(2) 모든 환관을 축출하다

소종이 화주華州로 도망하여 있을 때 환관 유계술劉季述이 열한 명의 왕들을 포위하여 죽였었는데, 이때에 이르러 유계술은 소종을 소양원少陽院에 가두고 태자 유裕를 세웠다. 그 뒤 동평장사東平章事 최윤이 신책神策의 장수를 설득하여 유계술을 토벌하여 주살하였다.

황제는 다시 제위에 돌아왔다. 환관들은 최윤을 제거할 모의를 하고 있었다.

이때에 주전충朱全忠이 천자를 끼고 제후를 호령하려는 뜻을 품고 있어 최윤은 그를 이용하고자 글을 보내어 주전충을 불러들였다.

주전충이 군사를 일으켜 장안으로 오자 환관 한전회韓全誨 등이 황제를 협박하여 봉상鳳翔으로 옮겨갔다.

주전충이 봉상을 포위하자 이무정은 마침내 한전회 등을 죽인 다음 황제를 모시고 장안으로 돌아왔다. 주전충은 군사를 이끌고 환관을 모조리 몰아 남김없이 죽여버렸으며 지방에 심부름 나가 있던 환관들조차 조서를 내려 그 곳에서 주살하도록 하였다.

그리고 다만 아직 나이 어린 황의환관 30명 만을 남겨두어 청소하는 일이나 맡도록 하였다. 환관은 문종文宗이후 천자의 폐립은 오로지 그들 손아귀에 있었으며, 정책국로定策國老라도 하고 문생천자門生天子라도 할 정도였는데 이때에 이르러 환관이 크게 주살되었던 것이다.

주전충은 그 공으로 해서 동평왕東平王에서 다시 작위가 올라 양왕梁王이 되어 변汴으로 귀환하였다.

上在華時, 宦官劉季述, 圍殺諸王十一人, 至是季述幽上於少陽院, 而立太子裕. 同平章事崔胤說神策將, 討誅季述. 上復位. 宦官謀去胤, 時朱全忠有挾天子, 令諸侯之意, 胤以書召之.

全忠擧兵來, 宦者韓全誨等, 刦上如鳳翔. 全忠圍之, 李茂貞
遂殺全誨等, 奉上還長安. 全忠以兵驅宦官, 盡殺之, 其出使外
方者, 詔所在誅之.

存黃衣幼弱三十人備洒掃. 宦官自文宗已後, 廢置在其掌握,
至有定策國老, 門生天子之號, 及是大被誅殺. 全忠由東平王,
進爵梁王還汴.

【十一人】通, 儀, 睦, 濟, 詔, 彭, 韓, 陳, 單, 延, 用 등 11명.(원주)
【神策將】指揮使 孫德昭를 가리킴.
【定策國老, 門生天子】환관들은 천자를 책립하는 일을 하여 그 때문에 '國老'라
칭하였고, 천자를 보기를 마치 시험보러 온 자신의 문하생처럼 여겼으므로
이를 '門生'이라 하였던 것임.(以其策立天子之功, 故稱國老, 視天子如試官之視
所取人, 故曰門生. -원주)

● 司馬光의 宦官之弊에 대한 史評은 다음과 같다.

司馬溫公曰:「夫寺人之官, 自三王之世, 載於詩禮. 所以謹闈闥之禁通內外之
言, 安可無也. 顧人主不當與之謀議, 使有威福耳. 東漢之衰, 宦者最名驕橫,
未有如唐世也. 非它, 漢不握兵唐握兵也. 太宗監前世之弊, 深抑宦官. 明皇始
墮舊章, 使高力士省決章奏. 進退將相, 自此熾矣. 及中原板蕩, 肅宗收兵靈武,
李輔國以東宮舊隷參謀, 不復能制. 代宗踐祚, 仍遵覆轍, 遺棄勳庸, 更爲叛亂.
德宗初立, 宦官稍紲, 而返忌諸將, 以竇文場霍仙鳴爲中尉, 典宿衛. 自是太阿
之柄, 落其掌握矣. 其後文武宣懿僖昭六帝, 皆爲宦官所立, 勢益驕橫, 根深蔕固,
疾成膏肓, 不可救藥矣. 然則宦官之禍, 始於明皇成於肅代; 成於德宗, 極於昭宗.
《易》曰:『履霜堅冰至』, 爲國家者, 防微杜漸, 可不愼其始哉!」

874 짐은 이렇게 떠돌다 어디에서 죽을까?

주전충朱全忠이 천하에 위엄을 떨치며 찬탈할 뜻을 가지기 시작하자 최윤崔胤은 이를 두려워 대비하고 있었다. 그러자 주전충은 글을 올려 최윤을 제거할 것을 청하는 한편 몰래 자신의 당으로 하여금 최윤을 죽여 없애도록 하였다. 마침내 주전충은 소종에게 도읍을 동경東京, 洛陽으로 옮기도록 청하여 백관을 강제로 낙양으로 가도록 재촉하며 관리와 백성들을 몰아 그곳으로 이주시켰다. 소종은 측근에게 이렇게 말하였다.

"속담에 '흘간산紇干山 위의 추위는 참새를 얼어 죽인다. 그런데 어찌 그곳을 떠나 살기 좋은 곳으로 날아가지 않느냐?'라는 말이 있다. 짐은 지금 이리저리 떠돌다가 끝내 어디에 추락할까?"

소종은 울어 수건을 적셨다.

황제가 낙양에 이르자 이무정李茂貞 등이 격문을 돌려 당나라 황실을 부흥시키자고 하였다. 이에 주전충은 서쪽으로 이무정 등을 치면서 그 사이에 소종의 영기英氣가 있어 변이 일어날 것을 두려워하여 사람을 낙양으로 보내어 소종을 시살토록 하였다.

○ 全忠威震天下, 有簒奪之志, 胤懼爲之備. 全忠表請除胤, 密使其黨殺之.

遂請上遷都東京, 促百官東行, 驅徙士民. 上謂侍臣曰:「鄙語云: 『紇干山頭凍殺雀, 何不飛去生處樂?』朕今漂泊不知竟落何所?」

泣下沾巾. 上至洛陽, 李茂貞等移檄, 以興復爲辭. 全忠將西討, 以上有英氣恐生變, 遣人入洛弑之.

【遣人】李振을 보냈음.

875 헐후시歇後詩나 짓는 나 정도가
재상이 되는 세상이라면

소종은 즉위하여 어진 사람과 호걸을 얻기를 꿈꾸지 않은 적이 없었으나 끝내 이를 써보지 못하였다. 일찍이 조정의 신하 중에 정계鄭綮라는 사람이 있어 해학과 헐후시歇後詩를 잘 지어 시사時事를 풍자하였다.

황제는 속으로 그의 시가 깊은 뜻이 있다고 여겨 손으로 관리의 장부에 그의 이름을 기록하였다가 재상으로 삼고자 하였다. 정부의 관리가 그에게 달려가 그 뜻을 전하였지만 그는 믿지 않았다. 이윽고 축하 손님들이 찾아오자 정계는 머리를 긁으며 이렇게 말하였다.

"헐후시나 짓고 있는 나鄭五 정도가 재상이 될 지경이라면 이 시대는 가히 알 만하오."

○ 上自卽位, 非不夢想賢豪, 卒不用之. 嘗有朝士鄭綮, 好恢諧, 多爲歇後詩, 嘲時事. 上意其有所蘊, 手注班簿以爲相.

堂吏走告不信. 已而賀客至, 綮搔首曰:「歇後鄭五作宰相, 時事可知矣.」

【歇後詩】 잠깐 쉰 이후의 말을 시로 짓는다는 뜻으로 言外의 의미를 표현함을 뜻함.(作詩爲歇後語, 意在言外. -원주)
【鄭五】 鄭綮의 항렬.

876 소종昭宗이 죽다

소종은 제위 17년, 그 동안에 연호를 일곱 번 바꾸어 용기龍紀, 대순大順, 경복景福, 건녕乾寧, 광화光化, 천복天復, 천우天祐라 하였다. 아들이 제위에 올랐다. 이가 애황제哀皇帝이다.(904년)

○ 上在位十七年, 改元者七: 曰龍紀·大順·景福·乾寧·光化· 天復·天祐. 子立, 是爲哀皇帝.

【龍紀】 즉위 2년에 연호를 고침.
【哀皇帝】 廟號는 景宗임.

20. 哀皇帝

877 애황제哀皇帝

(1) 주전충朱全忠의 농단

애황제는 처음 이름이 조李柞였다. 소종은 폐위된 태자 우李祐가 있었
으나 그가 장년이 되자 주전충이 그를 미워하였고, 조柞는 어리다는
이유로 그를 세운 것이며 이름을 축李祝으로 고쳤다. 주전충은 유李裕
등 9명을 죽였는데 모두 소종의 아들들이었다.

주천충은 상국相國이 되어 구석九錫을 얻어 받았다.

哀皇帝:

初名柞. 昭宗有廢太子裕, 已壯, 全忠惡之, 柞以幼得立, 更名祝.
全忠殺裕等九人, 皆昭宗子. 全忠爲相國加九錫.

(2) 당唐나라, 역사 속으로 사라지다

애제는 즉위하고서도 선제先帝의 연호 천우天祐를 그대로 썼으며 4년이 채 되지 않아 양梁에 선양하고 얼마 뒤 사살당하였다.(907년)

당나라는 고조高祖로부터 이에 이르기까지 20대, 무릇 290년으로 망하였다.

帝在位仍稱天祐, 不四年禪于梁, 尋被弑. 唐自高祖至是二十世, 凡二百九十年.

❋ 唐나라 社稷의 각 황제의 특징과 멸망에 이르기까지에 대한 司馬光의 史評은 다음과 같다.

司馬溫公曰:「高祖承亡隋之弊, 掃除亂略. 遂降李密, 係建德, 禽世充芟武周, 翦黑闥, 夷蕭銑. 六年之中, 海內咸服, 何成功之速也? 蓋以太宗之爲子也. 太宗文武之才, 高出前古, 拯民水火之中, 措之衽席之上, 使突厥之渠繫頸闕庭, 北海之濱悉爲州縣, 三代以還未之有也. 高宗沈溺宴安, 仁而不武, 使天后斲喪唐室, 屠害宗支. 中宗久罹憂辱, 備嘗險阻, 一旦得志, 荒淫不悛, 糞土之牆, 安可朽也? 睿宗鑒前世之禍, 立嗣以功, 可與權矣. 明皇再清內難, 四夷賓服, 浸淫乎貞觀之風矣. 及天寶以降, 自以治定無有後艱, 志欲旣滿侈心乃生. 一旦變生所忽, 兵起邊隅, 乘輿播遷, 干戈不息. 夫肅宗以國元子收兵靈武, 反施而東, 不失舊物. 代宗翦除凶醜, 使河南北復爲唐臣, 其功皆不細矣. 然比兩君, 武不足以決疑, 明不足以燭理. 不思經遠之謀, 專爲姑息之政. 盜賊據州郡者, 因爲之牧守, 土卒殺主帥者, 因授之旌鉞. 使强暴縱橫, 下陵上替. 唐之紀綱, 不可復振, 肅宗之爲也. 德宗南面之初, 赫然有撥亂之志, 以識度淺闇, 親信多非其人, 擧措不由其道. 故關外之兵未平, 而京城之盜先起. 因辱奉天播遷山南, 尚賴陸贄渾瑊盡心輸力, 故能誅夷元惡, 還奉宗社, 逮其晚節, 偸懦之政甚矣. 順宗不幸嬰疾, 委政冢嗣, 賢矣. 憲宗聰明果決, 選任忠良, 於是天下之盜, 納質效地, 稽顙入朝. 百年之憂一日廓然也. 惜其怠於防微, 變生肘腋. 穆宗援任非材,

爲謀不臧, 自貽顚覆文宗受制家臣, 雖有好賢之心, 文雅之美, 不足稱也. 武宗
英敏特達, 享國日淺, 功業未究. 惜哉! 宣宗盡心民事, 精勤治道, 求諸漢世,
其孝宣之流歟! 懿宗驕奢賊虐, 民怨神怒, 李氏之亡, 於玆決矣. 唐自至德以來,
近習用權, 藩臣跋扈, 譬如羸病之人, 糜粥養之, 猶恐不濟, 又況飮之毒酒, 其能
存哉? 及僖昭嗣位, 天祿已去, 民心已離, 漂泊幽辱, 寄命諸侯, 雖救之其將能乎?」

綠琉璃釉獸頭

三彩狩臘騎俑

임동석(苗浦 林東錫)

慶北 榮州 上茁에서 출생. 忠北 丹陽 德尙골에서 성장. 丹陽初中 졸업. 京東高 서울
敎大 國際大 建國大 대학원 졸업. 雨田 辛鎬烈 선생에게 漢學 배움. 臺灣 國立臺灣師
範大學 國文硏究所(大學院) 博士班 졸업. 中華民國 國家文學博士(1983). 建國大學校
敎授. 文科大學長 역임. 成均館大 延世大 高麗大 外國語大 서울대 등 大學院 강의.
韓國中國言語學會 中國語文學硏究會 韓國中語中文學會 會長 역임. 저서에《朝鮮譯
學考》(中文)《中國學術槪論》《中韓對比語文論》. 편역서에《수레를 밀기 위해 내린
사람들》《栗谷先生詩文選》. 역서에《漢語音韻學講義》《廣開土王碑硏究》《東北民族
源流》《龍鳳文化源流》《論語心得》〈漢語雙聲疊韻硏究〉 등 학술 논문 50여 편.

임동석중국사상100

십팔사략 十八史略

曾先之 編 / 林東錫 譯註
1판 1쇄 발행/2009년 12월 12일
3쇄 발행/2017년 11월 11일
발행인 고정일
발행처 동서문화사
창업 1956. 12. 12. 등록 16-3799
서울중구다산로12길6(신당동,4층) ☎546-0331~5 (FAX)545-0331
www.dongsuhbook.com
잘못 만들어진 책은 바꾸어 드립니다.

*

*

사업자등록번호 211-87-75330
ISBN 978-89-497-0569-9 04080
ISBN 978-89-497-0542-2 (세트)